햄버거가 스테이크보다 위험해?

햄버거가 스테이크보다 위험해?

초판 1쇄 발행 2020년 10월 30일
초판 3쇄 발행 2021년 8월 3일

글 양서윤
그림 송효정

펴낸곳 도서출판 개암나무(주)
펴낸이 김보경
경영관리 총괄 김수현   **경영관리** 배정은
편집 조원선 배우리 서진   **디자인** 김효정   **마케팅** 신종연
출판등록 2006년 6월 16일 제22-2944호

주소 서울특별시 용산구 한남대로40길 19, 4층(한남동, JD빌딩) (우)04417
전화 (02)6254-0601, 6207-0603   **팩스** (02)6254-0602   **E-mail** gaeam@gaeamnamu.co.kr
개암나무 블로그 http://blog.naver.com/gaeamnamu   **개암나무 카페** http://cafe.naver.com/gaeam

ⓒ 양서윤, 송효정, 2020
이 책의 저작권은 저자에게 있습니다. 저자와 출판사의 허락 없이 내용의 일부를 인용하거나 발췌하는 것을 금합니다.

ISBN 978-89-6830-613-6 73300

이 도서의 국립중앙도서관 출판시도서목록(CIP)은 서지정보유통지원시스템 홈페이지(http://seoji.nl.go.kr)와
국가자료공동목록시스템(http://www.nl.go.kr/kolisnet)에서 이용하실 수 있습니다.
(CIP제어번호: CIP2020040377)

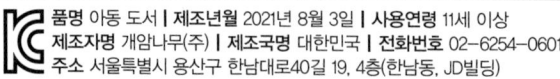

햄버거가 스테이크보다 위험해?

양서윤 글 송효정 그림

작가의 말

맛있는 음식을 마음껏 먹기 위해!

여러분은 혹시 '햄버거병'에 대해 들어 봤나요?

몇 년 전 햄버거를 먹은 유치원생들이 무서운 병에 걸렸어요. 어떤 아이는 '햄버거병' 때문에 오랫동안 병원에서 치료를 받아야 할지도 몰라요. 어째서 어린이도 자주 먹는 맛있는 햄버거가 아이들을 병들게 했을까요? 정말 햄버거가 아이들을 아프게 한 걸까요? '햄버거병'을 피하려면 앞으로 햄버거는 절대 먹으면 안 될까요? 올바른 정답과 해답은 무엇일까요?

세상에는 햄버거뿐 아니라 맛있는 음식이 정말 많아요. 우리는 하루 세 번 밥을 먹고, 때때로 간식과 음료수도 먹어요. 치킨이나 햄버거, 스테이크, 피자 같은 음식들도 많이 먹고요. 사람들은 음식 없이 하루도 살 수 없고, 특히 어린이들은 영양 많은 음식을 골고루 챙겨 먹어야 건강한 어른으로 성장할 수 있어요.

그런데 우리가 먹는 음식 중에는 위험한 것들이 있어요. 사람이 먹는 음식이 폭탄이나 총 같은 무기도 아닌데, 왜 위험하다는 걸까요?

놀랍게도 입에는 맛있지만, 몸에 들어가면 생각지도 못한 방식으로 우리의 건강을 해칠 수 있거든요. 또 올바르지 못한 방법으로 만들어진 음식들도 있지요. 심지어 몸에 좋다고 믿으며 먹은 영양식이 건강을 위협하기도 해요.

매일 먹는 음식이 위험하다니, 그럼 아무것도 먹지 말고 굶어야 할까요? 그건 아니에요. 이 책에는 여러분이 좋아하는 여러 음식들을 안전하고 행복하게 먹을 수 있는 방법을 소개하고 있답니다.

조금만 관심을 가지면 누구나 쉽게 몸에 좋고, 맛도 좋은 음식을 고를 수 있어요. 가족과 함께 마트에서 장을 볼 때 좋은 식품을 자신 있게 고르고 싶다고요? 문제없어요!

이 책에 나온 내용만 지키면 맛있고 안전한 음식을 언제든지 마음껏 먹을 수 있답니다. 나와 내 가족의 건강을 위한 안전한 음식, 지금부터 함께 알아봐요!

양서윤

구제역
돼지들을 산 채로 땅에 묻는다고?
08

조류 독감
해마다 찾아오는 새들의 질병
18

수입 농산물
새콤달콤한 과일의 두 얼굴
28

GMO
내가 먹은 두부의 별명이 '프랑켄슈타인'?
38

바나나의 위기
지구에서 바나나가 사라질지도 모른대!
48

살충제 연어
연어는 왜 살충제를 먹었을까?
58

용혈성 요독 증후군
햄버거가 스테이크보다 위험해?
68

살충제 달걀
대한민국을 발칵 뒤집은 살충제 달걀 사건
78

멜라민 분유
분유를 플라스틱으로 만들었다고?
88

미래의 먹거리
안전하고 즐거운 식사를 위해!
96

구제역:

돼지들을 산 채로 땅에 묻는다고?

구제역이라는 병 때문에 소나 돼지를 산 채로 땅에 묻었다는 내용의 기사를 읽은 적이 있나요? 왜 구제역에 걸린 동물을 살아 있는 상태로 땅에 묻는 걸까요?

구제역은 어떤 병일까?

구제역은 소나 돼지, 양, 염소, 사슴처럼 발굽이 둘로 갈라진 동물들이 걸리는 전염병이에요. 세계동물보건기구(OIE)에서 '가장 위험한 가축 전염병'으로 지정했을 만큼 동물들에게 치명적인 질병이지요.

동물이 구제역에 걸리면 입술, 혀, 잇몸, 발굽에 물집이 생겨요. 입안에 생긴 물집 때문에 아파서 사료를 먹지 못하고, 발굽에 잡힌 물집 때문에 절뚝거리죠. 뒤이어 체온이 오르고 끙끙 앓다가 끝내 죽음에 이르러요.

구제역 바이러스는 전염성이 매우 강해요. 동물의 침이나 배설물 또는 공기를 통해 퍼지는데, 심지어 바람을 타고 이동하기 때문에 단 한 마리만 걸려도 바이러스가 순식간에 농장 전체로 퍼져요. 또한 사람의 옷에 구제역 바이러스가 묻으면 다른 농장까지 번질 수도 있지요.

구제역은 백신으로 예방 접종을 할 수 있지만, 안타깝게도 이미 구제역에 걸린 동물을 치료하진 못해요. 구제역에 걸린 동물들은 살처분해야만 하지요. 살처분이란 심각한 가축 전염병을 막기 위해 실시하는 예방법으로, 감염된 동물뿐만 아니라 그 주변에 살고 있는 모든 동물을 죽이는 것을 말해요. 원칙적으로 동물은 약물로 죽인 다음 땅에 묻어야 해요. 그러나 수천수만 마리의 동물을 한꺼번에 죽이는 데 많은 시간이 걸려서, 빠르게 처리하려고 산 채로 땅에 묻는 경우가 많아요. 소는 구제역이 발생한 지역의 반경 500m 내의 동물들까지, 돼지는 반경 3km 안에 있는 동물들까지

구제역에 걸리지 않는 친구는 누구일까요?

발굽이 두 개인 동물을 우제류, 발굽이 하나인 동물을 기제류라고 불러요. 발굽이 하나인 말이나 당나귀 등의 기제류 동물들은 구제역에 걸리지 않아요.

모두 살처분해요. 돼지가 내뱉는 공기에 구제역 바이러스 입자가 많아 소보다 전염성이 훨씬 더 강하기 때문이에요. 구제역 바이러스에 가장 취약한 동물은 소인데, 구제역에 걸린 소는 3일에서 8일 정도 후 곧바로 증상이 나타나고 시름시름 앓다 죽게 돼요.

사람은 구제역에 걸리지 않을까?

다행히 구제역은 사람에게 전염되지 않아요. 구제역 바이러스는 사람이 걸리는 전염병이 아닌 데다 사람의 몸에 들어가도 2주 안에 사라져요. 구제역 바이러스는 50℃ 이상의 온도에서 파괴되고, 강한 산성이나 알칼리성 환경에서는 살지 못하기 때문이지요. 우리의 위장에서 분비되는 위액은 강한 산성이므로 걱정할 필요가 없어요. 또한 구제역에 걸린 동물은 곧바로 살처분하고, 판매도 금지하기 때문에 우리가 먹게 될 확률도 아주 낮아요. 하지만 사람에게 감염 증상을 일으키는 변이 바이러스가 나타날 수 있어 주의를 기울일 필요가 있답니다.

사람도 구제역을 옮긴다

사람은 구제역에 걸리지 않지만, 구제역을 옮길 수는 있어요. 2009년, 우리나라에 사람을 통해 구제역이 퍼진 사례가 있어요. 그 당시 경기도 포천에서 구제역이 발생했는데, 국립수의과학검역원은 조사 결과 해외여행객과 외국인 근로자가 입국할 때 바이러스가 함께 들어왔을 가능성이 높다고 발표했어요. 강화도에서도 구제역이 발생했는데, 이 또한 해외여행객이 원인일 가능성이 매우 높았어요. 강화 지역 농장주 25명이 중국, 태국, 베트남 등 구제역 발생 국가에 27차례나 여행을 다녀왔으며, 강화도에서 발생한 구제역이 세 나라의 구제역 바이러스와 똑같았기 때문이죠.

구제역이 발생한 나라로 여행을 다녀오면 어떻게 해야 할까요? 그럴 경우 신발이나 옷 등을 세탁하거나 소독해야 구제역이 퍼지는 것을 막을 수 있어요. 또 우리나라로 돌아온 후 2주 정도는 가

축 농장을 방문하지 않는 것이 좋아요. 가축 전염병 감염원이 들어올 수 있기 때문에, 해외여행 중에 산 생고기나 육류 가공품을 우리나라로 가져오는 것을 법으로 금지하고 있어요.

구제역을 치료할 수는 없을까?

구제역은 예방이 최선이에요. 농장을 정기적으로 소독하고, 수의사와 사료 관리자 및 농장에 드나드는 관계자를 방역해야 하지요. 또한, 가축에게 구제역 백신을 접종하는 일도 중요해요. 백신은 접종 시기와 간격을 철저하게 지켜야 효과가 좋아요. 어미 돼지는 새끼를 낳기 3~4주 전에, 수컷 돼지는 4~7개월 간격으로, 새끼 돼지는 태어난 지 8주 무렵에 백신 주사를 맞아야 해요.

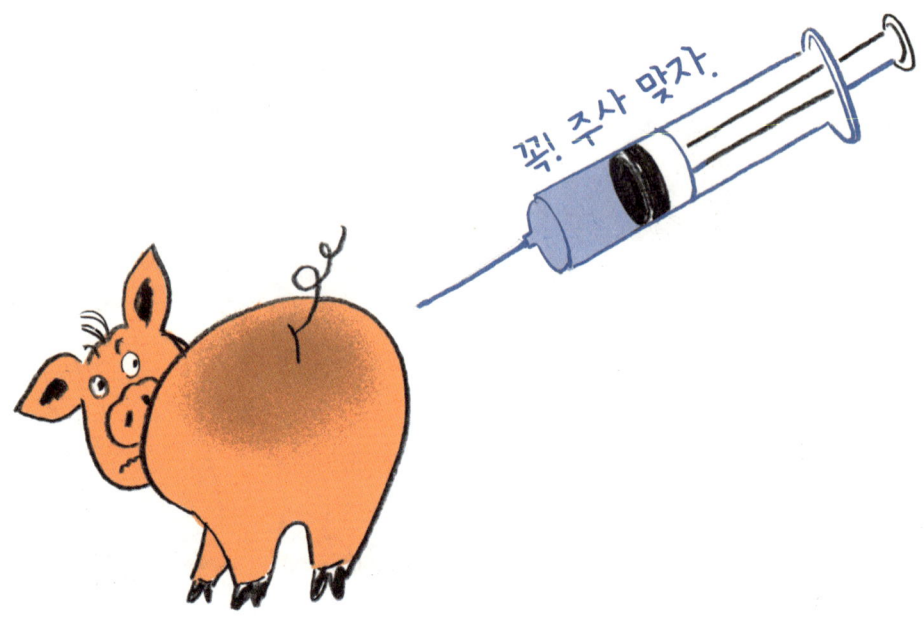

일부 농민들은 비용이 들고 귀찮다는 이유로 백신 접종을 꺼려요. 백신을 접종하면 소, 돼지가 사료를 먹는 양이 줄고 열이 나, 고기 등급이 낮아진다며 불만을 토로하지요. 하지만 구제역 예방 백신으로 수많은 동물을 지킬 수 있어요. 농림축산식품부 등 관련 기관과 지자체에서는 적극적으로 백신 접종을 권장하고, 홍보하고 있어요.

백신 접종 이외에 사육 환경도 바뀌어야 해요. 돼지는 가축 중에서도 IQ가 높고 활기차며 깨끗한 환경을 좋아하는 동물이에요. 이러한 돼지의 습성을 고려하지 않은 채 돼지를 더럽고 밀집된 공간에 가둬 키우면, 스트레스를 많이 받고 면역력이 떨어져 쉽게 병

아프리카 돼지 열병은 무엇일까?

아프리카 돼지 열병은 돼지에게만 걸리는 전염병이에요. 아프리카 돼지 열병은 1921년 아프리카 케냐에서 최초로 발견되었어요. 이 병은 곧 유럽을 거쳐 러시아로 퍼졌지요. 아시아에서 아프리카 돼지 열병이 발견된 지는 얼마 안 되었어요. 우리나라에서는 2019년에 돼지들이 아프리카 돼지 열병에 걸린 사례가 처음으로 보고되었어요.
아프리카 돼지 열병은 좁은 사육장에서 길러지는 돼지와 야생 멧돼지에 의해 감염돼요. 구제역과 마찬가지로 사람에게는 옮기지 않는 병이지만, 돼지에게는 치사율이 최대 100%인 무서운 전염병이랍니다. 중국에서는 이 병 때문에 1억 마리 이상의 돼지가 죽었고, 국가적으로 매우 큰 경제적 손실을 보았어요. 중국뿐만 아니라 우리나라 또한 아프리카 돼지 열병 때문에 농가들이 큰 피해를 입었지요. 최근에는 먹거리를 구하기 위해 마을로 내려온 야생 멧돼지들에 의해 피해가 발생한 사례도 있어요.
아프리카 돼지 열병은 구제역과 달리 아직까지 백신이 존재하지 않아요. 아프리카 돼지 열병 바이러스는 유전 형질이 복잡하고 감염 이후에도 항체가 제대로 생기지 않기 때문이에요. 이러한 이유로 감염된 돼지들은 치료를 받지 못하고 모두 폐사돼요.

에 걸려요. 돼지들을 넓은 자연 속에서 풀어 놓고 키운다면 지금보다 훨씬 더 건강하게 자랄 거예요. 이는 살처분 등 구제역으로 인해 발생하는 2차 피해를 줄이고 동물 복지도 실천하는 근본적인 해결책이기도 해요.

뜻밖의 환경 오염

가축을 살처분할 때 땅과 강이 오염된다는 사실을 알고 있나요? 가축을 묻은 매몰지 근처 지하수를 조사한 결과, 1,000곳 중 400여 곳에서 악취가 나고 대장균과 암모니아성 질소 등의 성분이 나왔다고 해요.

적절하지 않은 곳에 적절하지 않은 방법으로 가축을 묻게 되면 가축들의 사체가 썩으며 오염 물질이 유출돼요. 물고기와 야생 동물은 물론, 사람이 먹는 물도 오염될 뿐만 아니라 동물의 사체가 썩을 때 발생하는 가스가 공기까지 오염시키죠. 이를 해결하려면 어떻게 해야 할까요?

2000년과 2002년 구제역 파동 때 살처분된 가축 21만 8,200여 마리 가운데 구제역 양성 확진을 받은 개체는 64마리에 불과했어요. 나머지는 모두 구제역에 걸릴 수 있다는 추측 때문에 살처분된 거예요. 무고하게 희생되는 동물들과 환경 오염 때문에 여러 동물 보호 단체와 농민들은 지나친 살처분에 반대하고 있어요.

구제역 감염 확산 우려 때문에 급하게 돼지를 죽인 뒤에야 구제역 음성 판정이 나온 경우도 적지 않아요. 2015년, 밀양에서 구제역 의심 신고가 들어와 650마리의 돼지를 살처분했으나 검사 결과는 음성이었어요. 강릉 돼지 농장에서도 1,000여 마리의 돼지를 예방 차원에서 살처분했으나 역시 구제역에 걸리지 않은 것으로 드러났어요.

한 번 죽은 생명은 다시 살릴 수 없어요. 훼손된 환경도 되돌릴 수 없지요. 더욱 신중하고 정밀하게 검사가 이루어져야 하는 이유랍니다.

조류 독감:

해마다 찾아오는 새들의 질병

치킨은 아이들은 물론 어른들도 좋아하는
국민 간식이에요. 찜닭이나 삼계탕, 소시지나 너겟도
인기가 높지요. 하지만 잊을 만하면 나타나는
조류 독감 때문에 닭고기를 먹기가 무섭기도 해요.
조류 독감은 왜 해마다 발생할까요?

사람도 조류 독감에 걸린다고?

조류 독감은 닭, 오리 같은 조류가 걸리는 전염병을 말해요. 새들이 이 병에 걸리면 감기 같은 증상을 보이고 설사를 하며 알을 잘 낳지 못해요. 닭의 경우 벼슬이 파랗게 변하고 머리가 부어오르다가 순식간에 죽지요. 조류 독감 바이러스는 주로 기러기, 청둥오리 같은 철새가 여러 나라를 오가며 옮겨요. 그래서 여러 나라에서 동시에 조류 독감이 발생하는 경우가 많아요.

조류 독감이 위험한 이유는 새뿐 아니라 사람에게도 전염되기 때문이에요. 조류 독감은 감염된 조류의 접촉이나 조류의 배설물 등을 통해 감염되는데, 심하면 사망에 이르기도 해요. 조류 독감 바이러스는 지금까지 사람에게 노출된 적 없는 새로운 단백질을 포함하고 있어서 각종 독감 예방 주사를 맞더라도 안전하지 못해요.

사람들은 처음에 조류 독감이 새들만 걸리는 전염병이라 여겼어요. 하지만 1997년 홍콩에서 6명이 조류 독감 바이러스에 감염되어 사망하면서 인간도 조류 독감에 걸린다는 사실이 밝혀졌지요. 1998년부터 2016년까지 조류 독감에 감염된 사람은 약 1,722명이고, 이 중 785명이 목숨을 잃었어요.

조류 독감은 과잣값을 오르게 한다

우리나라에서는 2003년 12월 충청북도 음성군에서 조류 독감이 처음 발생했어요. 이때 많은 닭과 오리를 살처분해 조류 독감을 막았지만, 그 후 주기적으로 조류 독감이 발생하고 있어요.

조류 독감이 발생하면 그 농장과 주변 지역을 소독하고 방역해

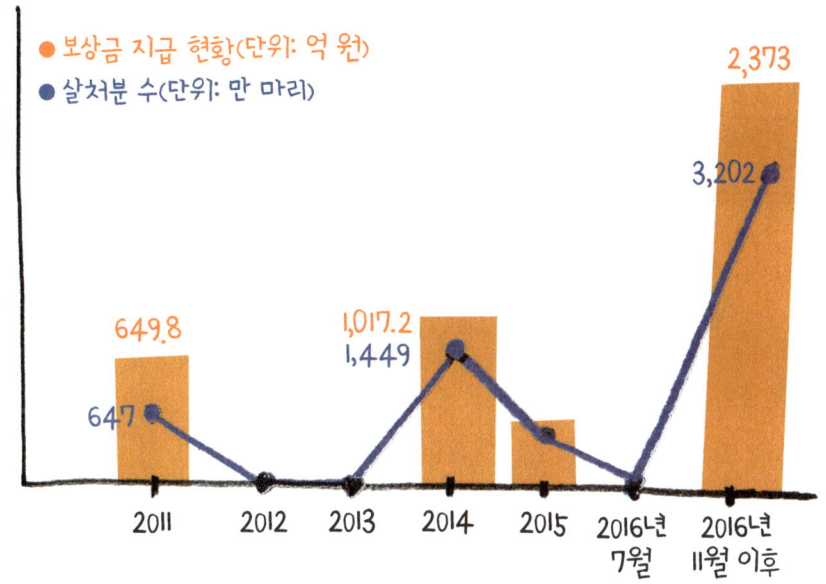

요. 우리나라는 조류 독감이 발생한 농장과 전파 위험성이 높은 반경 3km 내에서 사육된 닭과 오리, 심지어 달걀까지 엄격하게 통제해요. 전염될 위험이 있는 동물을 모조리 살처분하고, 외부로 유통시키지 않지요.

조류 독감은 물가에도 많은 영향을 끼쳐요. 닭의 공급이 줄어들면 치킨과 달걀 가격이 오르고, 이를 대체할 소고기, 돼지고기의 가격도 크게 오르죠. 그뿐만 아니라 달걀을 원재료로 사용하는 빵과 과자 등 수많은 가공식품의 가격이 덩달아 높아져요.

조류 독감, 막을 수 없을까?

조류 독감은 더욱 강력한 백신을 개발하거나 위생 관리를 강화하면 막을 수 있어요. 만약 조류 독감이 유행하기 몇 달 전에 미리 백신을 접종하면, 닭은 안전하게 병을 이겨 낼 거예요. 하지만 모든 독감 바이러스는 언제든 변할 수 있어요. 만약 내년에 찾아올 조류 독감 바이러스가 H5N1형이리라 예측하고 접종했다가 다른 바이러스가 찾아오면, 시간, 돈, 백신까지 낭비하게 돼요. 그렇기에 백신만으로 새로운 조류 독감을 예방하기는 쉽지 않지요.

이 한계를 극복하기 위해 과학기술정보통신부는 2018년, 중국, 몽골, 러시아 등과 6년 동안 120억 원 규모의 대형 공동 연구를 추진하기로 했어요. 각 나라의 조류 독감 분석 결과를 빅 데이터로 만들어 예방과 치료에 활용할 계획이죠.

조류 독감 예방을 위해서는 철저한 농장 위생 관리와 방역이 가

장 중요해요. 농장은 외부인의 출입을 통제하고, 농장 안에서 이동할 때에도 방역복과 마스크를 착용해야 해요. 농장 출입구에서는 차와 사람, 기구 등 모든 출입 대상을 소독해야 하죠. 평소에도 조류 독감 예방 수칙에 따라 행동하면 우리 모두 안전을 지킬 수 있어요.

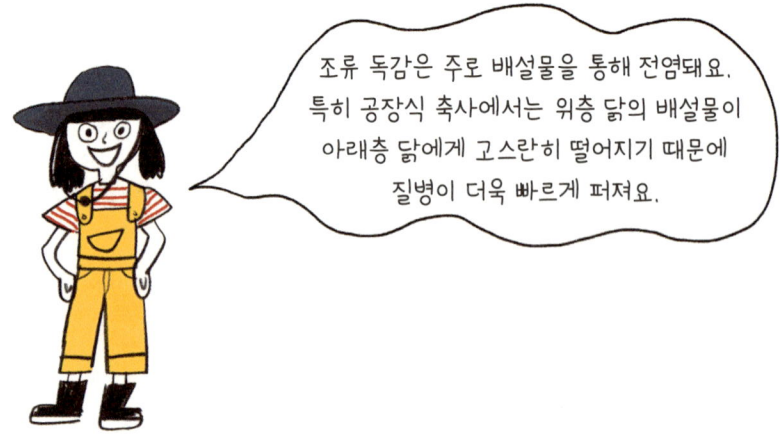

조류 독감은 주로 배설물을 통해 전염돼요. 특히 공장식 축사에서는 위층 닭의 배설물이 아래층 닭에게 고스란히 떨어지기 때문에 질병이 더욱 빠르게 퍼져요.

조류 독감, 어떻게 예방할까?

조류 독감 바이러스는 우리 주변에 있을 수도 있어요. 하지만 우리 스스로 위생을 잘 지키고 작은 습관들을 바꾼다면 조류 독감에 걸리지 않을 거예요. 조류 독감을 예방하는 방법은 생각보다 간단하고 매우 쉽답니다. 지금부터 조류 독감을 예방하기 위한 안전 수칙들을 알아볼까요?

① 철새 도래지나 닭, 오리 농가 방문을 자제해요.
② 야생 동물이나 죽은 동물을 만지지 말아요.

③ 야생 동물을 만지거나 야생 동물이 있는 곳에 다녀오면 눈, 코, 입, 귀 등을 만지지 말고 곧바로 손을 비누로 30초 이상 씻어요.

④ 우리 집에서 키우는 반려동물이 혼자서 집 밖에 나가지 않게 하고, 주인 없는 개, 고양이 등과 어울리지 않게 해요.

⑤ 감기 증상이 있으면 마스크를 쓰고, 기침과 재채기를 할 때 휴지나 옷소매로 입과 코를 가려요.

⑥ 죽은 야생 동물을 만지거나 주인 없는 동물을 만진 뒤 열이 나고, 목이 아프거나 기침을 하면 보건소에 연락해요.

⑦ 닭, 오리 등은 75℃ 이상의 온도에서 30초 이상 가열해 완전히 익힌 다음 먹어요.

 인류 최악의 전염병 스페인 독감이 조류 독감이라고?

1918년, 스페인 독감이 전 세계로 퍼졌어요. 전쟁으로 인한 사망자보다 더 많은 인명 피해를 낸, 인류 역사상 최악의 전염병이었지요. 우리나라에서도 이 병으로 14만 명이 사망했어요. 이 병은 중세 시대에 유럽 전역을 공포에 빠뜨린 흑사병(페스트)만큼이나 무시무시했어요.

스페인 독감의 원인은 오랫동안 밝혀지지 않다가 2005년 미국의 타우벤버그 박사 연구 팀이 조류 독감 바이러스에서 비롯된 것임을 밝혀냈어요. 군인들이 캠프에서 기르던 식용 조류에서 처음 발생한 바이러스가 함께 기르던 돼지의 몸에 들어가 돌연변이가 생겨났고, 오랜 전쟁으로 건강 상태가 나쁜 병사들에게 쉽게 감염되어 유행이 시작된 것으로 추측하고 있습니다.

조류 독감에 대한 진실 혹은 거짓

치킨이나 오리고기는 안심할 수 있다?

조류 독감은 바이러스성 질병이므로 호흡기를 통해 전염될 수 있지만 음식을 섭취하는 것으로 감염되지는 않아요. 또 조류 독감 바이러스는 열에 약하기 때문에 75℃ 이상에서 30초 이상 가열하면 완전히 사라져요. 따라서 조류 독감이 유행해도 완전히 익힌 치킨이나 오리고기는 안전하답니다.

조류 독감으로 죽은 닭, 오리로 만든 요리를 팔 수 있다?

조류 독감으로 죽은 닭과 오리는 털을 뽑을 수 없을 만큼 딱딱하게 굳어 버리기 때문에 마트나 식당에서 판매할 수 없어요. 만약 털을 뽑는다 해도 살이 빨갛게 변해 눈으로 쉽게 구별할 수 있지요.

달걀도 위험하다?

조류 독감에 걸린 닭은 알을 낳지 못해요. 또 조류 독감 바이러스는 알에 전혀 영향을 끼치지 못해요. 만약 달걀 껍데기에 바이러스가 묻어도 판매하기 전 거치는 세척과 소독 과정에서 모두 사라져요.

백신만으로 예방할 수 있다?

조류 독감 바이러스에 있는 H와 N 항원은 유전자 변이를 통해 계속해서 바뀌어요. 그래서 기존에 개발된 백신을 맞아도 효과가 없지요. 또한 새로운 조류 독감이 발병한 뒤 그에 맞는 백신을 개발하는 데에 6개월이 넘게 걸리지만, 변이된 조류 독감이 퍼지는 속도는 그보다 더 빨라요. 아직까지 백신만으로 조류 독감을 예방하기는 매우 어렵답니다.

수입 농산물:

새콤달콤한 과일의 두 얼굴

요즘은 사시사철 언제나 다양한 과일을 먹을 수 있어요.
세계 여러 나라에서 과일을 수입하기 때문이죠.
체리, 파인애플처럼 우리나라에서 자라지 않는 과일은
물론, 여름에만 나는 포도를 수입해 겨울에도 먹어요.
그런데 이 과일들이 우리 몸에 위험할 수 있어요.

왜 마트에 칠레산 포도가 많을까?

저렴하고 맛있는 포도가 우리나라에 많아진 것은 2004년 칠레와 체결한 FTA 덕분이에요. FTA란 자유 무역 협정으로, 두 나라 간에 관세 없이 물건을 수출입하자는 약속이에요. 우리나라는 FTA를 통해 칠레에 전자 제품과 자동차 등 공산품을 수출하고 대신 포도와 오렌지 등 농산물을 수입하고 있어요.

칠레산 포도는 우리나라에서 인기가 높아요. 우리나라에서 재배하는 대부분의 포도와 달리 씨가 없고, 가격도 저렴해요. FTA 체결 이후 한겨울에도 포도를 쉽게 구하고, 한국에서 보기 드문 청포도도 먹을 수 있게 됐어요.

관세 국세의 하나로, 수출·수입되거나 통과되는 화물에 부과되는 세금.

포도뿐만 아니라 칠레산 포도로 만든 와인 역시 어른들에게 인기 있어요. 값비싼 유럽산 와인 대신 맛 좋고 저렴한 칠레산 와인이 FTA 이후 소비자를 빠르게 사로잡았지요.

하지만 칠레산 포도의 인기가 높아지면서 부작용도 생겼어요. 칠레산 포도의 소비가 날로 증가하여 2004년 칠레와의 FTA 이후로 우리나라의 포도밭이 74%나 사라진 것이지요. 농부들은 가격이 싸고 겨울에도 싱싱한 칠레산 포도와 경쟁하기에 역부족이라 포도 농사를 접을 수밖에 없었고, 국산 포도는 대형 마트에서 점점 사라지고 있어요.

적도를 지나도 싱싱한 과일의 비밀

칠레는 우리나라와 정반대에 위치한 나라예요. 칠레까지 비행기

수확을 기다리는 포도.

를 타고 가려면 무려 26시간이 걸리지요. 그런데 칠레산 포도는 어떻게 우리나라까지 싱싱한 상태로 올 수 있는 걸까요?

과일을 비행기로 수입하면 운송 비용이 너무 비싸기 때문에 대부분 배에 실어 와요. 미국 서쪽 지역에서 우리나라로 과일을 실어 나르는 데에는 15일에서 40일 정도 걸려요. 칠레는 그보다 멀기 때문에 더 오랜 시간이 걸리지요.

특히 칠레나 뉴질랜드처럼 남반구에 있는 나라에서 수입하는 농산물은 운송 중에 적도를 통과해요. 적도는 태양과 가장 가까워서 기온이 높지요. 배에 실은 컨테이너는 적도를 통과할 때 온도가 80℃까지 치솟을 만큼 뜨거워져요. 과일과 채소는 냉장 운송을 한다고 하지만 시간이 흐르면 신선도는 떨어질 수밖에 없지요. 그래서 온전한 상태로 운반하기 위해 농산물에 살균제나 살충제를 뿌려요. 심지어 유기농 농산물을 수입해 올 때도, 배로 운송하는 동

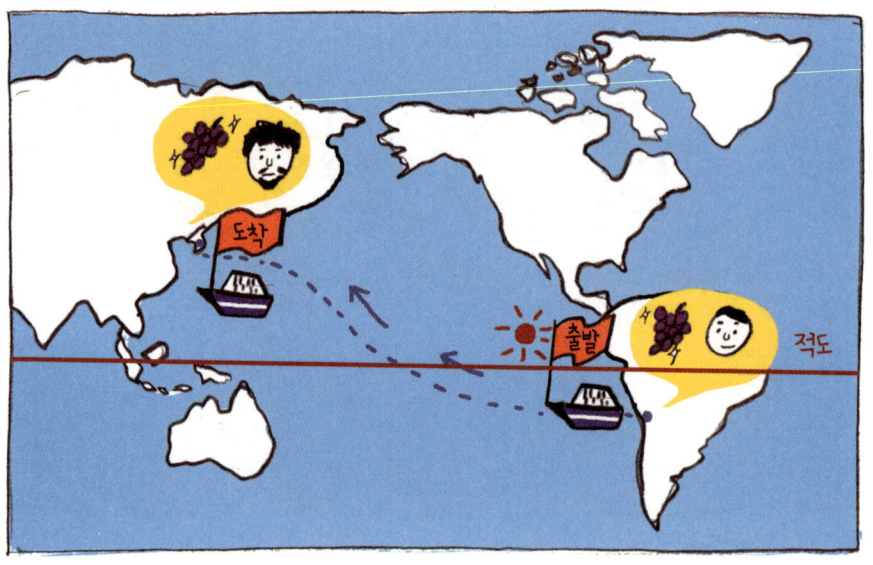

안 신선도를 유지하기 위해 농약을 치는 사례도 있어요.

칠레에서는 농약을 2,000가지나 쓴다고?

칠레에서 사용하는 농약은 약 2,000가지예요. 우리나라에서 사용하는 농약보다 훨씬 많고, 국제식량농업기구(FAO), 세계보건기구(WHO) 등 국제기구에서 사용을 금지한 약품도 포함되어 있어요. 유럽연합(EU)에서 사람의 건강과 환경에 영향을 주기 때문에 금지하는 48개 농약도 칠레에서는 버젓이 쓰이지요. 칠레는 농약을 금지하는 기준이 우리나라와 다르기 때문이에요.

농약의 종류도 다양해서 잡초 제거제와 해충약은 물론, 식물의 성장을 촉진하는 뿌리 자극제와 성장 호르몬도 쓰고 있어요. 뿌리 자극제와 성장 호르몬은 농사에 꼭 필요한 약이 아니에요. 강제로 포도알을 키우고, 빨리 자라게 하여 더 높은 가격으로 포도를 판매하기 위해 사용하지요.

농약은 농부를 힘들게 한다

칠레는 땅이 넓어서 들판에 포도나무를 수없이 많이 심어 길러요. 농약을 뿌리기 위해 포도 덩굴 사이를 트랙터로 달려야 할 정도이지요. 농부는 트랙터를 운전하며 포도밭에 농약을 대량으로 뿌려요. 여러 포도밭에서 농약을 동시에 뿌리면 마치 안개가 낀 것처럼 농약이 온 마을을 뿌옇게 뒤덮어요.

농약을 뿌리는 농부와 가족, 그 주변에 사는 사람들은 농약 때문에 심각한 피해를 입어요. 해마다 1,000명이 넘는 사람들이 농약 중독 증상을 겪어요. 직접 농약을 뿌린 농부들은 피부가 벗겨지거나, 온몸에 두드러기가 돋아나기도 해요. 몸 안으로 들어온 농약은 쉽게 나가지 않고 몸에 쌓여요. 그래서 아이들이 장애를 갖고 태어나거나 엄마의 배 속에서 죽음을 맞이하기도 해요.

우리나라에는 순천향대학교에서 설립한 농약중독연구소가 있어요. 이곳에서는 세계 최초로 제초제 중독 치료법을 개발해 농약 중독 치료에 많은 기여를 했답니다.

그럼 과일을 먹으면 안 되는 거야?

되도록 제철 과일이나 지역 농산물을 먹으면 좋겠지만, 수입 농산물을 아예 안 먹을 수는 없어요. 그러니 수입 농산물을 더 안전하게 먹기 위해 노력해야 해요.

우선 수입 농산물에 대한 관리와 검사가 필요해요. 우리나라는 여러 나라에서 많은 농산물을 수입하고 있지만, 수입 농산물을 검사하는 장비와 인력이 부족한 상황이에요. 반면 미국은 자신들이 수입하는 농산물을 아주 철저히 검사하고 있어요. 미국이 우리나라에서 수입하는 배를 예로 들어 볼까요? 배는 우리나라 농림축산검역본부에서 실시하는 검역과 국립농산물품질관리원의 잔류 농약 검사에 합격해야만 수출이 가능해요. 만약 이때 기준치보다 하나라도 농약 성분이 높게 나온다면 수입하지 않아요. 국민들이 먹을 농산물이기 때문에 더욱 철저하게 검사하는 것이지요.

이러한 문제로 인해 식품의약품안전처는 2019년부터 모든 농산물에 대해 '농약 허용 물질 목록 관리 제도(PLS, Positive List System)'를 시행하기로 했어요. 우리나라에서 생산하는 농산물과 수입 농산물까지 모두 농약 사용 기준을 설정하고, 관리하는 것이지요. 특히 2019년 9월부터 칠레산 농산물에서 우리나라에 금지된 농약 11종 성분이 검출되면 아예 수입을 금지하기로 법규를 바꿨어요.

과일에 붙은 스티커에 모든 정보가 들어 있다고?

마트나 시장에서 수입 과일에 붙은 스티커를 본 적이 있나요? 이 스티커에는 다섯 자리의 숫자가 적혀 있어요. PLU(Price Look-Up) 코드라고 불리는 이 숫자는 가공식품에는 없고, 과일이나 채소와 같은 자연식품에만 있어요. 이 코드는 수입 과일이 어떻게 재배되었는지 알려 줘요. PLU코드는 농산물과 관련된 여러 표준을 제정하는 국제기구인 IFPS(International Federation for Produce Standards)에서 마련한 기준이에요. 4나 3으로 시작하면 화학 비료와 농약을 사용해 재배한 과일이고, 9로 시작하면 유기농으로 재배한 과일이랍니다.

9로 시작하면 유기농이지!

노벨상에 가려진 공포의 살충제 DDT

스위스의 과학자 뮐러는 DDT라는 물질이 벌레를 없애는 효과가 있다는 사실을 밝혀냈어요. DDT는 모기, 이, 파리, 벼룩 등 전염병을 옮기는 해충을 박멸하는 데 큰 효과가 있었지요. DDT는 말라리아를 옮기는 모기와 발진 티푸스를 옮기는 이를 처치하고 수백만 명의 생명을 구했어요. 사람들은 이와 벼룩을 잡기 위해 사람의 몸에 직접 DDT를 뿌리기도 했어요.

1948년, DDT의 효능을 알린 뮐러는 노벨 생리의학상을 수상했어요. 또한 세계보건기구(WHO)는 DDT 사용을 적극적으로 권장했어요. 이에 힘입어 말라리아 사망자 수는 10만 명당 129명에서 7명으로 크게 줄었어요.

하지만 얼마 되지 않아 DDT의 위험성이 세상에 알려졌어요. 사람이 많은 양의 DDT를 섭취하면 간 기능이 나빠지고 발작과 마비가 일어날 수 있으며 암에 걸릴 확률도 높아진다는 사실이 밝혀진 거예요. DDT는 매우 안정적인 물질이라 잘 분해되지 않아요. 벌레를 죽이기 위해 뿌린 DDT는 식물에 흡수되고, 하천으로 흘러가요. 하천을 따라 바다로 간 DDT를 플랑크톤이 먹고, 그 플랑크톤을 물고기가 먹어요. 그 물고기를 먹은 사람의 몸 안에는 DDT가 그대로 쌓이지요.

1972년 미국은 DDT 사용을 금지했어요. 우리나라도 1979년 DDT 사용

을 금지했어요. 세계보건기구는 DDT를 사람이나 동물, 식물 등 살아 있는 생물이 아닌 축사나 건물에는 뿌려도 된다고 허가했어요. DDT는 몸에 해롭지만, 동시에 해충을 없애 사람의 목숨을 구하기 때문이지요. 그래서 우리나라가 DDT를 금지했더라도, DDT를 사용하는 나라에서 수입해 온 농산물에는 남아 있을 수 있어요. 채소와 과일에 남은 DDT는 우리 몸속에 점점 쌓여요. 따라서 꼭 DDT 검사를 철저히 하여 우리 몸에 안전한 농산물만 수입해야 해요.

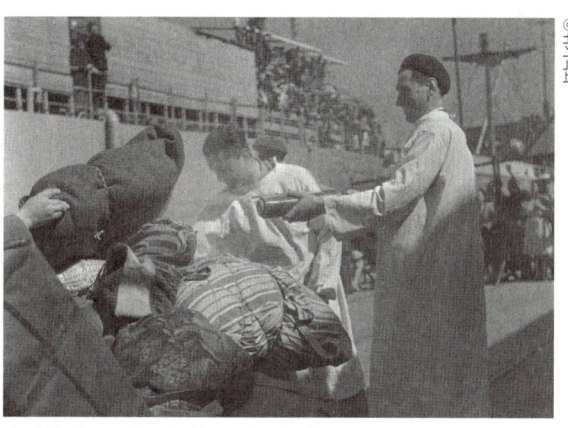 

수하물에 DDT를 뿌리는 모습. / 판매 중지된 스프레이형 DDT.

GMO :

내가 먹은 두부의 별명이 '프랑켄슈타인'?

온 가족이 식탁에 둘러앉았어요. 오늘 저녁 식단은 구수한 된장찌개와 식용유에 부친 두부, 달콤한 올리고당으로 버무린 콩자반이에요. 동생이 좋아하는 참치 통조림도 보이네요. 그런데 이 음식들이 모두 유전자가 조작된 '프랑켄슈타인' 식품이라면 어떨까요?

'프랑켄슈타인' 식품이 뭐야?

GMO라는 단어를 본 적이 있나요? GMO는 Genetically Modified Organism의 약자로, 유전자를 조작한 생물을 가리켜요. 우리나라에서는 주로 농산물에 한정해서 사용하지요.

유전자 조작(GM)이란 원하는 특징을 얻으려고 한 생명체의 유전자를 다른 생명체의 유전자와 결합하는 기술이에요. 자연적인 교배를 통해 종자를 개량하지 않고, 인위적으로 유전자를 조작해 새로운 품종을 만들지요. 예를 들어 병충해에 강한 유전자를 양배추 유전자에 결합하면, 적은 양의 제초제만으로도 잘 자라는 양배추가 탄생해요. 또 토마토에 감자의 유전자를 결합하면 땅 위에서는 토마토가, 땅속에서는 감자가 동시에 열리지요.

일부 GMO는 비가 잘 오지 않는 메마른 땅에서도 잘 자라고, 농약을 치지 않아도 벌레가 생기지 않아요. 이 경우 화학 비료가 없어도 되니 몇몇 사람들은 환경 오염이 줄어든다고 주장하기도 해요. 그런데 유럽에서는 GMO를 영화에 나왔던 무시무시한 괴물의 이름을 따서 '프랑켄슈타인 식품'이라고 불러요. GMO에 대해 경각심을 가져야 한다는 기사도 종종 뜨지요. 왜 그럴까요?

내가 먹은 딸기가 생선이라고?

모든 생물에는 유전자가 있어요. 유전자만 있다면 동물이든 식물이든 유전자 조작 기술로 유전자를 서로 섞을 수 있어요. 실제로 과학자들은 추위에 강한 넙치의 유전자를 딸기의 유전자와 결합해 겨울에도 잘 얼지 않는 딸기를 만들었어요. 그렇다면 이 딸기는 식물일까요, 동물일까요? 우리가 그 딸기를 먹는다면 우리는 과일을 먹은 것일까요, 아니면 생선을 먹은 것일까요? 과연 이 딸기를 먹어도 괜찮을까요?

1994년, 무르지 않는 토마토가 미국 식품의약국(FDA)의 승인을 얻어 첫 GMO로 판매되었어요. 그런데 이 토마토는 장기적으로 사람들에게 어떤 영향을 미치는지 아직까지 확인되지 않았어요. 사람이 먹은 지 최소 30년 이상 지나야 식품의 안전성을 확인할 수 있기 때문이에요.

해충에 강하고 질병도 걸리지 않는 GMO는 농약을 쓰지 않으니 무조건 우리에게 좋다고 할 수 있을까요? 유전자 조작으로 해충의 피해를 막는 옥수수와 면화, 콩에서는 해충뿐 아니라 이로운 곤충

에게도 독이 되는 물질이 나올 수 있어요. 그렇게 되면 꽃가루와 꿀을 먹은 나비나 벌이 해충과 함께 희생되지요.

대표적인 GMO는 무엇일까?

국제농업생명공학정보센터(ISAAA)에 따르면 2017년 전 세계의 GMO 재배 면적이 1억 8,980만 ha에 이른다고 해요. 대표적인 GMO는 무엇이 있을까요?

옥수수

마트에서 파는 옥수수 캔은 대부분 GM 옥수수로 만들었어요. 그 밖에 식용유, 마가린, 수프, 전분, 아이스크림, 젤리, 액상 과당, 물엿이 들어간 가공식품에 GM 옥수수가 들어가기도 해요. 우리가 마시는 음료수에는 액상 과당이 많은데 과당은 옥수수로 만들기 때문에 주스나 탄산음료를 마시더라도 GM 옥수수에서 자유로울 수 없어요.

콩

만약 구입하는 음식에 수입산 콩이 들어 있다면 GM 콩을 사용했을 가능성이 높아요. GM 콩은 식용유, 분유, 초콜릿, 두부, 두유 등 생각보다 많은 음식에 쓰여요. 화학조미료나 된장, 고추장, 간장, 쌈장도 GM 콩으로 만들어지는 경우가 많아요.

사탕수수와 식용유

사탕수수가 포함된 가공식품이나 설탕, 올리고당 등에도 GMO가 쓰여요. 이 밖에 카놀라유(유채)와 면실유(목화) 등 다양한 식용유에도 GMO가 많이 쓰이지요. 참치 통조림에 GM 목화로 만든 식용유를 넣기도 해요.

우리나라는 GMO 수입 세계 1위!

아직까지 우리나라 농가에서는 GMO를 재배하지 않아요. 하지만 우리나라는 세계에서 GMO를 가장 많이 수입하는 나라예요. 한 해에 수입하는 GMO의 양은 1,000만 톤이 넘어요. 우리나라 인구 한 사람이 1년 동안 33kg의 GMO를 먹고 있는 셈이에요.

어째서 우리는 이렇게 많은 GMO를 먹는 걸까요? 많은 기업들이 GMO를 적극적으로 수입해 여러 가공식품을 만들기 때문이에요. 두부, 간장, 고추장, 올리고당같이 요리에 사용되는 재료는 물론 간식으로 사랑받는 아이스크림, 과자, 빵, 팝콘, 음료수를 만드는 데 GMO를 원료로 많이 쓰고 있어요.

그런데 우리는 GMO를 많이 먹는다는 사실을 왜 모르고 있었을까요? 어떤 식품에 유전자 조작 성분이 들어 있는지 알기 어렵기 때문이에요. 우리나라는 유럽이나 중국 등 다른 나라에 비해 GMO 성분을 표시하는 기준이 엄격하지 않아요. 우리도 알지 못하는 사이에 계속해서 GMO를 먹어 온 것이지요.

유전자 조작 위험성이 있는 식품은 무엇일까요?

GMO에 대해 '알 권리'를 찾자!

모든 소비자는 자신이 먹는 음식이 GMO인지 아닌지 제대로 알고 선택할 권리가 있어요.

2016년 기준 우리나라는 콩, 옥수수, 감자 등 식품의약품안전처에서 지정한 7개 작물을 사용한 147건에 한해서만 GMO 표기를 의무적으로 시행하고 있어요. 우리나라 GMO 표시 제도로는 식품에 GMO가 포함되어 있는지 정확히 알기 어렵지요. GMO가 들어가지 않은 제품이라는 것을 알리는 'Non-GMO' 표시도 찾기 힘들어요.

현재 우리나라에서는 완제품을 검사해 유전자 조작 성분이 검출되지 않으면 GMO를 표시하지 않아요. 문제는 GMO를 원료로 썼지만 가공 과정에서 유전자가 변형된 단백질이나 DNA 성분이 사라지는 경우예요. 식용유, 포도당·과당·엿류·올리고당류, 간장, 주류 등 기름을 짜내거나 일부 성분을 추출하는 식품은 가공 중에 유전자 조작 성분이 사라져요. 이러한 가공식품에 대해 우리나

2018년, 서울 시내 6개 자치구에서는 학교 급식에 사용되는 고추장이나 된장, 간장 등의 가공식품을 더욱 안전하게 공급하기 위해 친환경 농산물 급식 센터를 연계하는 시스템을 구축했어요. 또한 '친환경 급식 안심 식재료 지킴이단'이라는 학교 급식 모니터링 단체는 급식에 사용되는 식재료가 안전한 먹거리인지 살피고 있어요.

라에서는 GMO 표시를 하고 있지 않아요.

한편 유럽연합(EU) 회원국들은 원료부터 GMO 전 성분 표시제를 실시해요. GMO 전 성분 표시제란 GMO를 원료로 사용할 경우 함량과 관계없이 그 사용 여부를 표기해야 한다는 식품 표시 방식이에요. 가공하는 도중 유전자 조작 성분이 사라지더라도 원재료가 무엇인지 알 수 있지요.

청양고추 씨앗을 독일에서 사 와야 하다니!

수입 농산물을 지양하고 토종 종자를 지키는 것도 GMO 섭취를 피할 수 있는 방법이에요. 그런데 우리나라 토종 종자 씨앗을 독일의 종자 회사에서 사 와야 한다는 사실을 알고 있나요?

1997년 우리나라에 큰 외환 위기가 있었어요. 그때 우리나라 식물의 씨앗을 가진 종자 회사들이 미국의 몬산토라는 기업에 팔렸지요. 이때 청양고추를 비롯한 여러 토종 종자의 특허권도 몬산토에 넘어갔어요. 이후 몬산토는 독일의 화학 제약 회사인 바이엘에 인수되었어요. 그래서 우리가 청양고추를 먹으면 독일이 이익을 보는 거예요.

그런데 이 몬산토와 바이엘은 최근 GMO를 개발하는 데 힘쓰고 있어요. 바이엘로부터 토종 종자의 특허권을 다시 사고 있지만, 우리가 아직 돌려받지 못한 특허권이 매우 많아요. 수많은 종자들과 더불어 우리 토종 종자들도 유전자 조작의 그늘에 있을 가능성이 있겠지요?

생각 더하기
GMO 유기농을 준비하는 미국

현재 전 세계 모든 나라에서 GMO는 유기농 식품이라고 표기하지 않아요. 자연 이치에 따른 농업이자 생태 보전을 중시하는 유기농과 GMO는 맞지 않기 때문이죠. 유전자를 인위적으로 바꾸는 GM 기술과 자연 그대로 식품을 키우는 유기농은 정반대 개념으로 쓰일 정도예요.

하지만 미국은 GMO를 유기농 농산물로 인정하려고 준비 중이에요. 2019년, 미국 농무부(USDA)의 차관은 유전자 변형이 포함된 새로운 기술이 유기농 생산을 강화하고 자연재해나 질병에 강한 품종을 만들 수 있다고 했어요. 또한 GMO와 GM 농업 기술에 대한 허가 절차를 완화하는 안을 통과시켰지요. 이는 곧 유전자를 조작한 씨앗을 유기농 방식으로 키우기만 하면 유기농 식품으로 표기한다는 의미예요.

현재 대부분의 국가에서는 유기농 인증 절차가 매우 까다로워요. 만약 미국이 GMO를 유기농 식품으로 인정한다면, 미래에는 유기농 식품조차 믿지 못할지 몰라요.

농무부 미국 워싱턴에 있는 농업 정책을 관장하는 연방 정부 기관.

바나나의 위기:

> 지구에서 바나나가 사라질지도 모른대!

바나나는 부드럽고 달콤해요. 많은 사람들이 좋아하는 과일이기도 하고, 과자나 우유 같은 가공식품에도 널리 쓰이죠. 하지만 이 바나나가 지구에서 한 번 멸종했었고, 지금도 사라질 수 있다는 사실을 알고 있나요?

바나나가 지구에서 사라진다고?

2019년, 남미의 바나나 농장에 무서운 병이 퍼졌어요. 이 병에 걸린 바나나는 뿌리에 곰팡이가 피고 이파리가 말라 죽었어요. 이 병은 전염성이 매우 강해 단 하나의 바나나가 병에 걸려도 농장 전체에 병이 퍼졌어요. 이 병의 이름은 '변종 파나마병(TR4)'이에요. 변종 파나마병은 흙과 물을 통해 곰팡이가 바나나 뿌리로 침입해서 생겨요. 치료약이 없어 '바나나 불치병' 혹은 '바나나 암'이라고도 불리지요.

가장 심각한 문제는 이 병이 아주 빠르게 퍼진다는 점이에요. 국제연합식량농업기구(FAO)는 변종 파나마병이 중동과 아프리카의 바나나 농장으로 급격히 퍼지고 있다고 발표했어요. 수많은 바나나 나무가 병에 걸려 죽어 가는데, 치료약은 없어요. 전문가들은 변종 파나마병이 퍼지는 속도가 너무 빨라서 치료약을 개발하기도 전에 바나나가 멸종할까 봐 걱정해요. 심지어 어떤 과학자는 10년 정도 후에 바나나가 우리 식탁에서 사라질 거라고 예측해요. 어째서 이런 일이 생겼을까요?

변종 파나마병에 걸린 바나나.

우리는 쌍둥이 바나나

옛날에 사람들이 먹던 바나나는 훨씬 딱딱하고 씨앗이 가득했어요. 그러다 씨앗이 없고 부드러운 품종의 바나나가 개발됐어요. 이 품종은 달콤하고 영양까지 풍부했어요. 사람들은 모두 새로운 바나나만 찾았어요. 농부들도 새로 개발된 바나나만 심었죠. 더운 나라에서 식량으로 먹던 바나나는 인기 있는 과일로 변해 전 세계로 팔려 나갔어요. 그런데 바나나에 씨앗이 없는데 어떻게 계속 바나나를 심어서 키웠을까요?

바나나는 3~10m까지 높이 자라요. 많은 사람들이 바나나를 나무라고 생각하지만, 사실 바나나는 풀이에요. 예전에는 씨앗을 심어 바나나를 재배했지만, 씨 없는 바나나 품종이 나오면서 씨앗 대신 바나나 줄기를 잘라 심기 시작했어요. 바나나 줄기를 잘라서 심

어 기르는 방식은 바나나를 똑같이 복제하는 것과 같아요. 단 하나의 바나나 풀에서 줄기를 계속 잘라 심으면 농장에는 똑같은 유전자를 가진 쌍둥이 바나나만 자라게 돼요.

지금 전 세계 시장에서 가장 많이 유통되는 바나나는 캐번디시라는 종이에요. 사람으로 치면 부모가 자식을 낳으면서 자연스럽게 대를 잇는 것이 아니라, 체세포를 떼어 내서 복제 인간을 만들고 있는 것이지요.

만약 전 세계 사람이 모두 똑같은 유전자를 가졌고, 그 유전자가 독감에 약하다면 어떻게 될까요? 인류는 멸망하겠죠. 독감이 유행해도 모든 사람이 독감에 걸리지 않는 이유는 약을 먹고 건강을 회복하거나 독감에 강한 면역력을 가지고 있기 때문이에요. 우리가 즐겨 먹는 바나나 종이 변종 파나마병에 약한 이유가 바로 이것이에요. 모두 똑같은 유전자를 가졌기 때문에 병에 걸리면 면역력을 가지지 못하고 모두 감염되는 거예요.

바나나 멸종이 벌써 두 번째?

바나나가 이미 한 번 전염병으로 인해 멸종한 적이 있다는 사실을 아시나요? 바로 '그로미셸'이라는 품종이에요. 그로미셸은 수백 종의 바나나 중에서 진한 맛과 달콤한 향 때문에 인기가 많았어요. 그래서 그로미셸 이외의 바나나는 아무도 키우지 않았어요.

그런데 1903년, 파나마에서 바나나에 전염병이 돌기 시작했어요. 사람들은 이 병이 처음 발견된 나라의 이름을 따서 파나마병이라고 불렀어요. 파나마병은 백신이 없었기 때문에, 1960년대에 급속도로 퍼져 그로미셸 바나나가 모두 죽고, 바나나 산업이 큰 위기에 처했어요. 다행히 과학자들이 파나마병에 잘 견디는 품종을 개발해 고비를 넘길 수 있었지요.

그때 개발한 새로운 바나나가 지금 우리가 먹는 '캐번디시'랍니다. 그로미셸보다 맛도 떨어지고 덜 단단하지만, 파나마병에 저항성을 가진 유일한 바나나였기 때문에 사람들은 어쩔 수 없이 캐번디시를 키우게 되었어요.

그런데 1990년대에 처음 발생한 변종 파나마병이 최근 바나나 최대 생산지인 남미 지역에 빠르게 퍼지고 있어요. 바나나 수출에 의존하는 아프리카 지역 역시 이 병 때문에 바나나 생산량이 감소했고, 2,700명의 노동자가 해고됐어요.

바나나 멸종 위기를 막을 수 있을까?

한 종류의 바나나만 키운 것이 오늘날 바나나 멸종 위기를 불러온 만큼, 우리는 유전자 다양성, 더 나아가 생물 다양성에 대해 더 깊이 고민해 볼 필요가 있어요. 자연 상태에서는 여러 유전자들이 끊임없이 섞여요. 서로 다른 바나나의 꽃가루가 수정되어 씨앗이 생기고, 바나나 씨앗은 여러 곳에 퍼져서 환경에 적응하며 자라요. 쌍둥이가 아니므로 맛과 모양 등 여러 가지 모습으로 변화해요. 그래서 질병이나 가뭄 같은 급격한 환경 변화가 발생하면, 그 변화에 취약한 유전자군은 죽고 이를 이겨 낸 유전자군은 살아남아 종

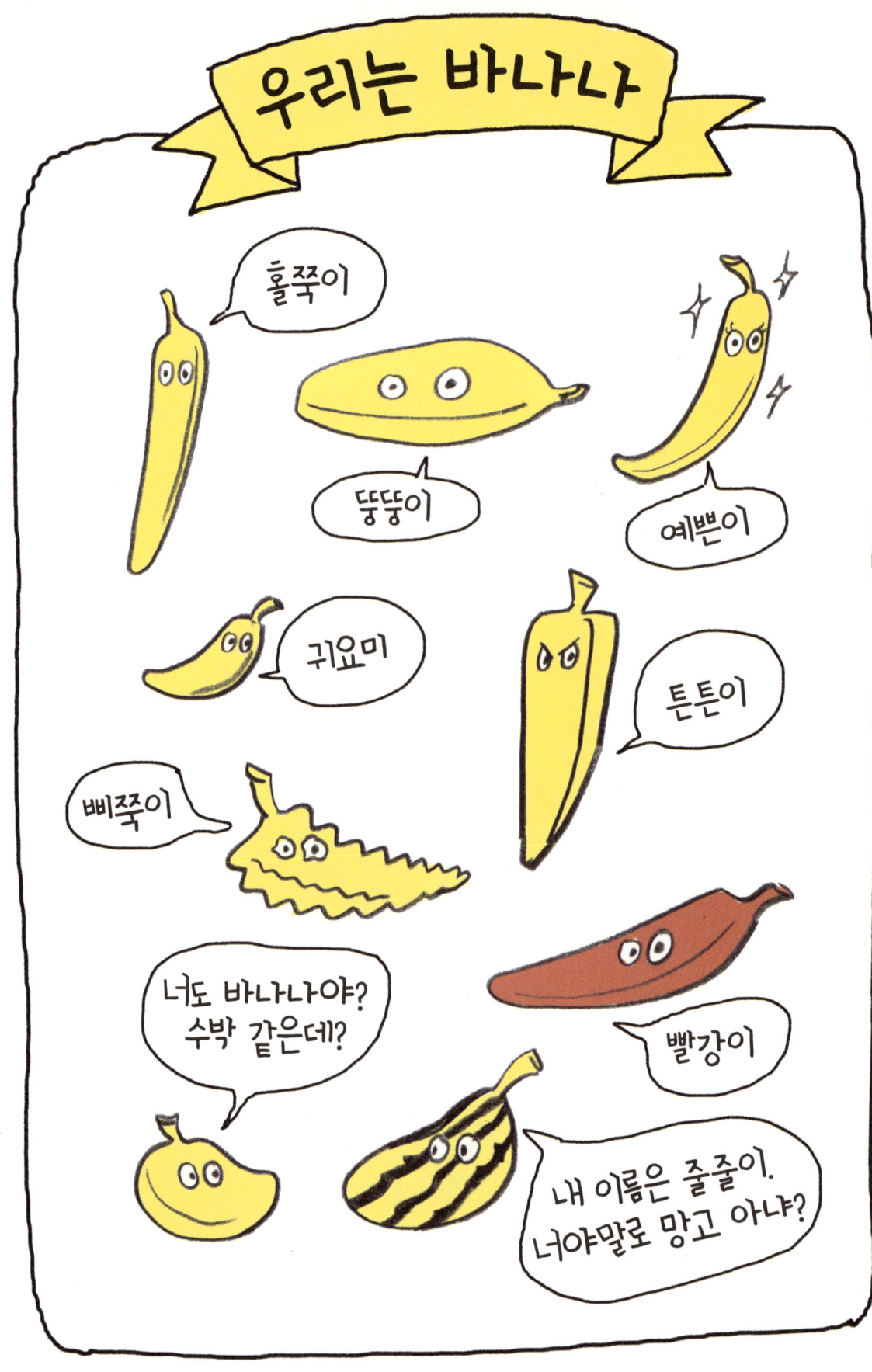

을 보존하지요. 그런데 선호도가 높은 품종을 대량 생산하려는 인간의 욕심 때문에 점점 유전자군이 단순해지고, 심지어 멸종 같은 극단적인 일이 벌어졌어요. 그러므로 바나나 멸종을 막는 근본적인 해결책은 여러 품종의 바나나를 키워 유전자군을 늘리는 거예요. 그러면 어떠한 전염병이 돌아도 바나나 전체가 지구상에서 사라질 일은 없지요.

사람들은 바나나 멸종을 막기 위해서 어떤 노력을 할까요? 독일의 뷔르케르트 교수는 오만에서 고대의 바나나 품종인 '움크비르 바나나'를 찾아냈어요. 이 품종은 변종 파나마병에 매우 강했지요. 움크비르 바나나의 유전자를 캐번디시에 이식하면 바나나의 멸종을 막을 수 있어요. 하지만 유전자 조작 식품에 대한 안전성 논란 때문에 과학자들은 신중하게 연구하고 있어요.

현재 바나나의 멸종을 막기 위해 '바나나 구하기 컨소시엄(Banana Save Consortium)'이라는 조직이 국제적으로 결성되어 있어요. 이 조직에서는 유전자 가위 등을 이용해 캐번디시 품종의 개량을 연구하고 있어요.

그 밖에도 새로운 품종의 바나나가 있어요. 마트의 과일 코너에서 상자에 담긴 작은 바나나를 본 적 있나요? 이 바나나는 바나플과 로즈 바나나예요. 바나나와 애플의 합성어인 바나플은 사과처럼 상큼하고 쫄깃해요. 로즈 바나나는 과육 안에 작은 씨앗이 들어 있어요. 이 두 가지 바나나는 변종 파나마병에 걸리지 않는 바나나예요. 하지만 워낙 생산량이 적고 고산 지대에서 자라 캐번디시처럼 여러 곳에서 자라지는 못해요.

아일랜드의 역사를 바꾼 감자 역병

1800년대 아일랜드에서도 바나나 병과 비슷한 사건이 발생했어요. 아일랜드는 딱 한 가지 종류의 감자만 심었는데, '감자 역병'이라는 전염병이 돌자 순식간에 모든 감자가 병들어 죽었어요. 감자를 주식으로 먹던 아일랜드 국민은 식량이 사라져 굶주렸어요. 1800년대 중반까지 800만 명이던 아일랜드의 인구 중 무려 100만 명이 굶어 죽고, 150만 명은 먹을 것을 찾아 미국으로 탈출했어요. 그 당시 여객선이 충분하지 않아 아일랜드 사람들은 조각배로 대서양을 건너기도 했어요.

우리가 지켜야 할 '생명의 다양성'

바나나 외에도 인기 있는 종자 몇 가지만 집중적으로 재배하는 경우가 많아요. 우리나라에서는 예전에 캠벨 얼리와 거봉이라는 종류의 포도를 가장 많이 재배하고, 판매했어요. 그런데 2004년 한국과 칠레의 FTA 체결 이후 수입산 포도가 인기를 얻으면서 국산 포도는 위기에 놓였어요. 국산 포도에 대한 소비자들의 선호도가 떨어져, 재배 면적이 크게 줄고 문을 닫는 농가도 많아졌지요. 그 때문에 국산 포도가 더 이상 생산되지 못할 거라는 우려도 생겨났어요.

생명의 다양성을 해치면 멸종 위기라는 재앙이 찾아와요. 다양성을 지키기 위해 종자를 보존하고, 개량하기도 해야 하지요.

다행히 이런 문제를 인식해 노력한 결과, 결실을 맺었어요. 우리나라에서는 2014년에 처음 생산된 샤인머스캣 청포도의 인기가 날로 높아지고 있답니다. 일반 청포도보다 훨씬 알이 크고 달콤한 샤인머스캣 종자는 일본에서 처음 교배를 통해 개량되었어요. 지금까지 한 번도 본 적 없는 새로운 청포도였죠. 샤인머스캣은 칠레 포도로 위기에 처한 농가에 커다란 힘이 되었어요. 또 국립원예특작과학원에서는 '홍주 씨들리스'라는 껍질째 먹는 국산 포도를 개량했어요. 이처럼 새로운 종자 개량은 생명의 다양성은 물론 우리나라 농업의 미래에도 영향을 미쳐요.

살충제 연어:

연어는 왜 살충제를 먹었을까?

주홍빛의 부드러운 생선인 연어는 패밀리 레스토랑이나 뷔페에서 빠지지 않는 음식이에요. 맛도 좋지만 단백질도 풍부하고 오메가3처럼 우리 몸에 좋은 영양 성분이 많아서 인기가 높지요. 그런데 연어에는 우리가 알지 못했던 불편한 진실이 숨어 있어요.

바다 물이(sea lice), 정체가 뭘까?

우리가 먹는 연어는 자연에서 자란 연어가 아니라 양식장에서 자란 양식 연어예요. 양식업자들은 연어를 바다에 커다란 그물을 쳐서 물고기들을 가두어 키우는 '가두리 양식장'에 키우지요. 원래 연어는 강과 바다를 오가며 생활하는 물고기예요. 그런데 좁은 공간에서 제대로 움직이지 못하자, 여러 가지 병에 걸리게 됐어요. 그 중 연어에게 가장 치명적인 것은 바다 물이(sea lice)예요.

바다 물이 문제는 우리에게 잘 알려지지 않았어요. 바다 물이는 노르웨이, 캐나다, 스코틀랜드 등 대서양 연어의 몸에 사는 바다 기생충을 말해요. 바다 물이도 머리에 사는 이처럼 연어의 몸에 달라붙어 피를 빨아먹어요. 연어는 바다 물이에게 영양분을 빼앗기며 허약해지지요. 그뿐만 아니라 바다 물이에 물려 상처가 나

괴사하고, 괴사한 피부와 조직을 통해 다른 질병에도 걸려요.

바다 물이는 매우 빠르게 번식해서 순식간에 온 양식장으로 퍼져요. 자연에 사는 연어에 비해 좁은 가두리 양식장에서 사는 연어는 바다 물이를 피할 방법이 없어요. 바다 물이 때문에 양식장의 30~40%의 연어가 죽는 경우도 있답니다.

과학자들은 바다 물이가 급증한 데에는 지구 온난화로 인한 이상 기후도 영향을 미쳤다고 분석하고 있어요.

프랑스를 놀라게 한 살충제 연어

2010년, 노르웨이의 연어에서 살충제 성분이 나왔다는 사실이 프랑스 뉴스에 보도되었어요. 연어 섭취량이 높은 프랑스 국민들은 충격을 받았어요. 사람들은 연어 양식업자들이 해충을 없애기 위해 뿌리는 살충제를 왜 연어에 뿌렸는지 의문을 가졌어요.

살충제를 뿌린 이유는 바로 바다 물이 때문이었어요. 처음에는 약한 약을 뿌려 바다 물이를 없앴지만, 약을 계속 치자 바다 물이에 내성이 생겼어요. 바다 물이는 점점 강해져서 웬만한 약으로는 죽지 않았어요. 어부들은 급기야 유럽연합(EU)이 사용을 금지한 살충제인 디플루벤주론을 사용하기에 이르렀어요. 노르웨이는 유럽연합의 회원국이 아니기 때문에 유럽연합이 금지한 디플루벤주론 사용이 가능했지요.

어부들은 유독성 살충제뿐만 아니라 제1차 세계 대전에서 화학 무기로 쓰인 독한 약도 사용했어요. 이러한 살충제 때문에 수많은 물고기가 죽거나 기형으로 변하고, 노르웨이 바다가 병들었어요.

이 사실을 안 프랑스 국민은 노르웨이 연어를 거부했어요. 나쁜 살충제를 사용하지 않은 다른 지역의 연어를 찾기 시작했지요. 금지 약품 사용으로 국제적인 비난을 받자 노르웨이 정부는 살충제 사용을 줄이고 매년 약 70억 원을 투자했어요. 바다 물이에 강한 연어를 연구하고, 농약 없이도 바다 물이를 견디는 연어를 찾아 나섰죠.

바다 물이에 강한 연어를 키우는 것 말고도, 연어 양식장에 청소 물고기를 함께 키우면 바다 물이로부터 연어를 보호할 수 있어요. 청소 물고기는 바다 물이를 잡아먹기 때문에 기생충 감염을 줄이며 동시에 환경도 지킬 수 있지요. 하지만 양식 연어를 자연 연어와 완전히 똑같은 환경에서 키우는 일은 불가능해요.

칠레 연어는 항생제를 먹는다고?

최근 들어 칠레산 연어가 우리 식탁에 올라요. 무제한 연어 뷔페, 연어 회에도 많이 사용하지요. 칠레 연어는 과연 믿고 먹을 수 있을까요?

 칠레 연어는 전염성 연어 빈혈(ISA, Infectious Salmon Anemia)이라는 병에 약해요. ISA 바이러스에 감염된 연어는 아가미가 하얗게 변해요. 물고기는 아가미로 숨 쉬기 때문에 아가미가 상한 연어는 점점 호흡이 어려워져요. 산소가 부족한 연어는 행동이 느려지고, 눈이 충혈되고 튀어나오며 서서히 죽어요.

 연어 리케차성 패혈증(SRS, Salmon Rickettsial Septicaemia) 또한 바이러스로 전염되는 치명적인 병이에요. SRS에 걸린 연어는 몸속에서 피를 흘려요. 연어 양식장에 ISA와 SRS가 유행하면, 그 양식장은 3년 정도 연어 양식을 할 수 없어요. 어부들도 3년간 일자리를 잃지요.

이 두 가지 병은 치료가 어려워, 바이러스가 생기는 것을 예방하는 것이 최선이에요. 그래서 연어 양식장에 항생제를 사용해요. 연어 양식에 항생제를 전혀 사용하지 않을 수는 없지만 칠레의 경우 그 양이 매우 많아서 문제가 되고 있어요. 2014년 조사 결과, 노르웨이는 약 130만 톤의 연어를 키우는 데 972kg의 항생제를 사용하는 반면, 칠레는 약 90만 톤을 키우는 데 56만 3,200kg을 사용했어요. 비율을 계산해 보면 칠레가 노르웨이보다 항생제를 약 834배 사용하는 거예요. 칠레 정부는 항생제 양을 줄이려고 노력하지만 하루아침에 모든 연어 항생제를 없애기는 어려워요.

연어가 아픈 진짜 이유가 뭘까?

연어는 귀리, 블루베리, 녹차, 마늘, 브로콜리, 견과류, 레드와인, 시금치, 토마토와 함께 미국 〈타임〉지가 선정한 세계 10대 슈퍼 푸드 중 하나로, 영양가가 매우 높아요. 슈퍼 푸드인 연어가 살충제와 항생제 범벅이 된 근본적인 이유는 무엇일까요?

많은 사람이 연어를 먹자, 자연에서 자란 천연 연어가 부족해졌어요. 천연 연어는 강에서 태어나 바다로 내려가 일생을 보내고, 다시 강으로 돌아가 알을 낳아요. 어부들은 강과 바다를 오가며 양식을 하기가 불편해 바다에 가두리 양식장을 만들었어요. 또 소득을 높이려고 좁은 가두리 양식장에 지나치게 많은 연어를 길렀지요. 좁은 공간에 갇힌 연어는 헤엄칠 수 없어 스트레스를 받아요. 스트레스로 면역력이 떨어진 연어는 작은 병이 생겨도 이겨 내지 못하지요. 어부들은 연어가 연약해지자 독한 화학 약품과 항생제를 뿌려 병에 걸리는 것을 막았어요. 시간이 갈수록 바이러스와 기생충은 약에 내성이 생겨 점점 더 독하고 많은 약이 필요해지게 된 거죠.

게다가 일부 양식업자들은 연어를 빨리 살찌우려고 값싼 닭고기와 소고기를 사료에 섞어 주기도 했어요. 이로 인해, 바닷물이 오염되면 바다가 붉게 보이는 적조 현상이 일어났지요. 적조 현상은 연어에게 해가 될 뿐만 아니라 바다 생태계를 파괴하여 물고기들이 죽는 등 많은 문제의 원인이 되고 있어요.

계속해서 좁은 공간에 많은 연어를 가둬 키운다면 화학 약품을 더 많이 사용할 수밖에 없어요. 연어가 본래 습성대로 넓은 바다에서 편하게 헤엄치며 좋은 사료를 먹고 자란다면, 약을 쓰지 않아도 스스로 면역력을 갖추고 건강을 되찾을 거예요. 연어 또한 돼지나 닭처럼 양식 환경을 바꾸어 주는 게 근본적인 해결책이지요.

이제 꽁치를 못 먹을 수도 있다고?

물고기를 위협하는 건 병이나 기생충뿐만이 아니에요. 최근 우리나라에서는 겨울철에 잡히던 명태나 꽁치가 어느 날부터 보이지 않게 되었답니다. 바로 지구 온난화 때문이에요. 지구 온난화로 인해 수온이 급격하게 올라가 찬 바다에 서식하는 물고기들이 더 이상 살 수 없게 된 것이지요. 지난 100년간 전 세계 수온은 0.6℃ 이상 상승했어요. 언젠가 우리 식탁에는 꽁치 대신 열대 물고기들만 오를지도 몰라요.

연어의 집이 사라지고 있다

　천연 연어가 점점 줄어드는 가장 큰 이유는 무엇일까요? 바로 연어의 터전이 사라지기 때문이에요. 연어는 강과 바다를 모두 돌아다니며 살아가는 물고기예요. 그렇기에 연어에게는 깨끗하고 넓은 강이 필요하지요. 그러나 많은 나라에서 무분별하게 자연을 개발해 공장과 집을 지어요. 산을 깎아 시멘트를 덮고, 하천을 막아 길을 내고 있지요. 강에서 태어나 바다로 간 연어는 3년 정도 지나면 자신이 태어난 강으로 돌아와 알을 낳고 세상을 떠나요. 하지만 연어가 바다에 사는 동안 강에 공장이 들어서면, 연어는 돌아갈 곳이 없어요. 알을 낳을 고향이 사라지는 거지요.

　미국의 도널드 트럼프 전 대통령은 청정 지역인 알래스카에 금과 구리 광산을 허가했어요. 알래스카는 자연이 잘 보존되어 있는 세계 최고의 청정연어 어장이며 연어를 먹이로 하는 곰과 늑대 같은 야생 동물 서식지예요. 만약 알래스카에 광산이 개발된다면 어떻게 될까요? 연어뿐만 아니라 연어를 먹는 야생 동물들도 위험에 처할지 몰라요. 현재 환경 운동가들은 자연을 파괴하는 광산 개발을 반대하고 있어요. 하지만 국가의 경제적 이익 때문에 개발을 막기는 매우 힘든 상황이에요.

　인간의 욕심 때문에 연어의 서식지를 파괴하면, 자연 생태계가 파괴될지 몰라요. 한 번 무너진 생태계는 되돌릴 수 없어요. 더 늦기 전에 연어의 서식지를 잘 보존해야 해요.

용혈성 요독 증후군

햄버거가 스테이크보다 위험해?

음식을 잘못 먹고 배가 아팠던 적 있나요? 상하거나 오염된 음식을 먹어서 식중독에 걸리면 배가 아프고, 심하면 구토와 설사를 하며 입원까지 해야 하죠. 2016년, 4살 난 아이가 햄버거를 먹은 뒤 식중독에 걸려 신장 기능이 90%나 파괴되었다는 뉴스 보도가 전국을 놀라게 했어요. 어린아이들도 즐겨 먹는 햄버거에 어떤 문제가 있었던 걸까요?

햄버거병의 정체가 뭘까?

우리가 '햄버거병'이라고 부르는 이 병의 원래 이름은 용혈성 요독 증후군이에요. 용혈성 요독 증후군은 장 출혈성 대장균이 신장 기능을 저하시키는 병이에요. 햄버거병이라는 별명은 맨 처음 미국에서 덜 익은 햄버거를 먹은 아이들 수십 명이 병에 걸려 세상에 알려지면서 생겨났어요. 당시 아이들이 먹은 햄버거 패티에서 O-157 대장균이 발견되었지요.

O-157 대장균은 용혈성 요독 증후군을 일으키는 대장균이에요. 이는 식중독을 일으키는 병원성 대장균의 한 종류이지요. O-157 대장균에 오염된 음식을 섭취하면 장염에 걸려 설사와 구토를 하고 고열에 시달려요. 몸이 붓고 혈압도 올라가지요. 심한 경우 경련을 일으켜요. 건강한 사람은 장염에서 끝나지만, 몸이 약한 노약자는 장염이 용혈성 요독 증후군으로 발전할 수도 있어요.

O-157 대장균이 왜 햄버거에 있었을까?

O-157 대장균은 소나 돼지, 양의 내장에 자연적으로 존재해요. 주로 제대로 조리하지 않은 오염된 고기나, 살균되지 않은 우유에서 발견돼요. 또한 동물의 대변을 거름으로 만들어 뿌린다거나, 목장에서 소의 대변을 시냇물로 흘려보내면 주변에서 자라는 채소가 O-157 대장균에 감염되기도 해요. 양상추, 오이 등의 채소는 익히지 않고 날로 먹는 경우가 많아 더욱 위험하지요.

이처럼 용혈성 요독 증후군은 꼭 햄버거 때문에 걸리는 병은 아니에요. 햄버거가 문제인 게 아니라, 그 안에 들어가는 재료에 문제가 있을 때 걸리는 병이니까요. 햄버거 패티를 만들 때, 고기를 잘게 다지는 과정에서 표면의 대장균이 패티 속으로 깊이 들어가요. 패티 속까지 완전히 익히지 않으면 이 O-157 대장균이 사람의 몸으로 침입해요.

보통 햄버거 패티는 소의 살코기로만 만든다고 생각하지만, 일부

햄버거 패티는 소 내장도 재료로 써요. 살코기는 비싸고 내장은 저렴해서 소 내장을 고기와 섞어 패티를 만드는 것이지요. 내장이 섞인 햄버거를 완전히 익히지 않으면 내장에 있던 대장균이 죽지 않고 남아서 우리 몸속으로 들어와 병을 일으켜요.

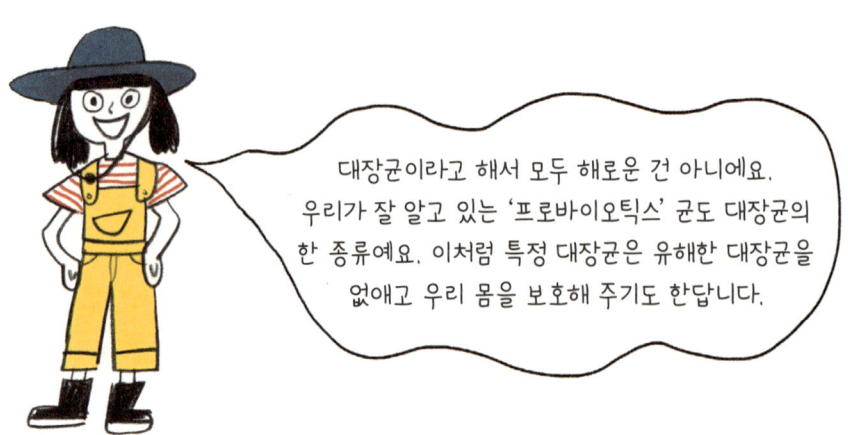

대장균이라고 해서 모두 해로운 건 아니에요. 우리가 잘 알고 있는 '프로바이오틱스' 균도 대장균의 한 종류예요. 이처럼 특정 대장균은 유해한 대장균을 없애고 우리 몸을 보호해 주기도 한답니다.

최고의 무기는 바로 예방!

용혈성 요독 증후군은 왜 무서운 질병일까요? 그건 아직까지 예방할 수 있는 방법이 없고, 병균이 퍼지는 속도가 너무 빠르기 때문이에요. 장 출혈성 대장균에 감염되면 1~2주 안에 호전되지만, 용혈성 요독 증후군으로 악화되기도 해요. 심한 경우 평생 신장 투석을 하는 등 돌이킬 수 없는 피해를 입거나 사망할 수도 있어요. 따라서 평소 생활 습관을 통해 병을 예방하는 것이 최고의 방법이에요. 몇 가지 간단한 예방 수칙만 지켜도 예방할 수 있답니다. 그럼 용혈성 요독 증후군을 예방하는 습관을 알아볼까요?

대장균 감염을 예방하는 생활 습관!

고기는 완전히 익혀 먹어요. 날고기는 적어도 70°C에서 2분 이상 익혀야 안전하며, 햄버거는 속까지 모두 익혀 먹어야 해요.

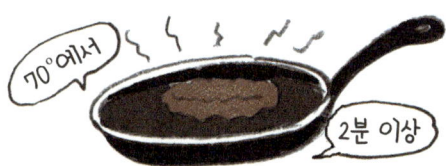

음식 먹기 전과 화장실에 다녀온 뒤에는 반드시 손을 비누로 깨끗이 씻어요.

주방 도구를 자주 세척해요.

살균되지 않은 주스, 우유 등은 먹지 않아요.

날고기를 자른 칼과 도마로 다른 음식을 자르지 않아요.

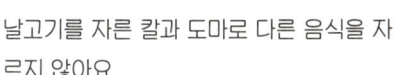

냉장고 안에 고기를 보관할 때에는 다른 음식에 닿지 않게 잘 포장하고, 다른 재료 아래에 보관해요. 고기에서 흘러나오는 액체가 다른 재료를 오염시킬 수 있어요.

세계를 공포에 물들인 병

용혈성 요독 증후군은 아직 우리에게 낯선 질병이에요. 그런데 미국과 유럽, 일본에는 예전부터 알려져 있었어요.

2011년, 독일 사람들은 O-157 대장균 공포에 시달렸어요. 용혈성 요독 증후군이 온 나라에 유행하며 2살 난 아기가 숨졌고, 4천여 명의 유럽인이 감염되었지요. 안타깝게도 그중에서 52명은 목숨을 잃었어요.

처음에는 소의 대변으로 거름을 준 농산물에서 병이 퍼졌을 거라고 추측했어요. 특히 스페인에서 온 유기농 오이가 오염되었다고 생각해 유럽 전체가 스페인 오이의 수입을 금지했지요. 하지만 검사 결과 스페인 오이에는 문제가 없었어요. 그다음 독일의 새싹 채

인간이 만든 소의 질병

1986년, 소가 갑자기 비틀거리고 주저앉다가 죽는 병이 영국에서 처음 발견됐어요. 사람들은 이 병을 '광우병'이라고 불렀어요. 광우병은 소 해면상뇌증이라는 질병으로, 소의 뇌에 스폰지처럼 구멍이 숭숭 뚫려 갑자기 난폭해지고 마비된 채 죽는 병이에요. 소 해면상뇌증에 걸린 소고기를 먹고, 사람이 같은 증상을 보여 사망한 사례도 있었어요. 그런데 이 질병을 치료하는 약은 아직까지 없답니다. 소 해면상뇌증의 원인인 프리온 단백질은 인간을 포함한 모든 동물에 있거든요. 질병을 일으키는 프리온은 감염된 변형 프리온이고, 변형 프리온을 없애면 몸속의 다른 단백질까지 손상되기 때문이에요. 감염 프리온은 초식 동물인 소가 육식, 즉 동물성 단백질을 먹어서 생겨났어요. 일부 목축업자가 소를 더 빨리 키우기 위해 소의 사료에 고기를 섞었지요. 소는 단백질이 많이 들어 있는 고기 사료를 먹고 쉽게 살이 쪘지만, 동물성 단백질을 제대로 소화시키지 못했고 돌연변이 단백질이 나타나 소들이 감염되었어요. 소를 억지로 살찌워 많은 고기를 얻으려는 인간의 이기심이 무서운 부메랑으로 돌아온 거예요.

소를 의심했지만 새싹 채소도 원인이 아니었어요. 독일은 채소를 익히지 않고 먹는 샐러드가 위험하다고 선언했고, 유럽인들은 토마토, 상추, 과일 등 모든 농작물을 의심해 먹지 않았어요. 농부들은 애써 농사지은 작물 밭을 모두 갈아엎어야 했죠. 결국 이집트산 작물이 원인으로 드러났지만 이미 많은 사람들은 용혈성 요독 증후군으로 세상을 떠난 뒤였어요.

일본에서도 용혈성 요독 증후군 환자가 반복적으로 나타났어요. 1996년 무의 싹을 통해 만 명에 가까운 사람이 O-157 대장균에 감염되었고, 8명이 용혈성 요독 증후군에 걸려 사망했어요.

용혈성 요독 증후군을 비롯해 장염, 식중독과 같은 병들은 특히 여름철에 많이 발생해요. 2017년에는 레스토랑에서 감자샐러드 집단 식중독 사건이 발생해 당시 3살 여자아이가 사망하기도 했어요. 음식을 만드는 사람들과 식재료를 관리하는 사람들은 특히 위생에 많은 신경을 써야 해요.

용혈성 요독 증후군 진실 혹은 거짓

햄버거를 먹으면 용혈성 요독 증후군에 걸린다?

조리가 잘된 햄버거를 먹으면 괜찮아요. 설사 병원성 대장균이 남아 있는 음식을 먹는다 해도 모두가 용혈성 요독 증후군에 걸리지는 않아요. 그러나 면역력이 약한 어린이와 노인이 음식을 먹을 때 더욱 주의해야 해요. 지금까지 O-157 대장균이 들어간 음식을 먹은 아이들은 약 10%의 확률로 용혈성 요독 증후군 증상이 나타났어요.

햄버거가 스테이크보다 더 위험하다?

고깃덩어리를 칼로 잘라 굽는 스테이크는 도마와 칼을 자주 세척하면 비교적 세균이 덜 생겨요. 또한 병원성 대장균은 고기의 표면에만 있으므로 고기를 구울 때 열이 가해져 병균이 죽어요. 하지만 햄버거는 갈아서 만든 고기를 쓰기 때문에 표면의 대장균이 패티 깊숙이 들어가요. 패티 속까지 완전히 익히지 않으면 대장균이 남아 있을 가능성이 있어요.

음식을 잘 익히면 용혈성 요독 증후군에서 안전하다?

병원성 대장균인 O-157 대장균은 열에 약해요. 병원균은 65℃ 이상에서 죽기 시작하므로 75℃ 이상으로 가열해 패티를 완전히 익히면 O-157 대장균은 사라져요. 시금치와 오이 같은 채소 역시 75℃ 이상으로 가열하면 안전해요.

모든 대장균은 몸에 나쁘다?

대장균은 오랜 시간 사람의 대장에서 살아왔어요. 사람과 세균이 서로 이익이 되는 상태로 적응했지요. 서로 도움이 되는 상태로 함께 사는 것을 '공존'이라고 해요. 때때로 장염을 일으키는 종류의 대장균이 있지만, 우리 배 속에 들어 있는 대부분의 대장균은 우리를 공격하지 않아요. 우리 몸에 이로운 유산균 또한 대장균의 한 종류랍니다.

소와 돼지는 O-157 대장균에 감염된 작물을 먹어도 안전하다?

O-157 대장균은 원래 소와 돼지의 대장에 살고 있는 균이에요. 그래서 소와 돼지는 O-157 대장균에 오염된 음식을 먹어도 괜찮답니다.

O-157 대장균에 오염된 음식을 먹으면 곧바로 아프다?

O-157 대장균에 오염된 음식을 먹어도 증상이 바로 나타나지는 않아요. 대장균 감염 증상이 나타나기까지는 며칠이 걸려요. 약 2일 정도 시간이 지나면 설사나 구토를 하고, 고열이 발생해요. 용혈성 요독 증후군으로 이어지면, 설사를 시작한 지 6일쯤 후에 빈혈이나 급성 신부전 등의 증상이 나타나요.

살충제 달걀

대한민국을 발칵 뒤집은 살충제 달걀 사건

살충제는 바퀴벌레나 모기 같은 해충을 없애는 화학 약품이에요. 그런데 우리가 먹는 달걀에서 살충제 성분이 나왔어요. 살충제 달걀은 대한민국뿐 아니라 유럽에서도 문제를 일으켰어요. 달걀에 왜 살충제 성분이 들어 있었을까요?

2017년을 강타한 공포

달걀은 우리 식탁에 자주 오르는 친근한 먹거리예요. 또한 빵이나 과자, 아이스크림, 마요네즈 등 다른 음식의 원재료로 쓰이지요. 그런데 2017년, 달걀에서 살충제 성분이 나와 사람들에게 큰 충격을 주었어요.

살충제 달걀 문제는 유럽에서 시작되었어요. 처음 살충제 달걀이 발견된 벨기에와 네덜란드를 비롯해 독일, 영국, 프랑스, 스웨덴, 이탈리아, 덴마크, 스위스, 오스트리아 등 유럽 전역에서 오염된 달걀 또는 관련 제품이 발견되었어요. 또한 달걀로 만든 가공식품에서도 살충제 성분이 검출되었지요.

살충제 달걀 파동이 일자 네덜란드는 180개 농장, 벨기에는 달걀 농장의 4분의 1 이상을 폐쇄했어요. 달걀 수출도 금지했죠. 또한 유럽 전역에서 살충제가 검출된 농장의 닭 수십만 마리를 폐사시켰어요.

우리나라에서도 같은 해 8월, 살충제에 오염된 달걀이 발견되었어요. 친환경 산란계* 농장을 대상으로 잔류 농약 검사를 하던 중, 한 농가에서 살충제 성분이 기준치보다 높은 달걀이 나온 거예요. 정부는 달걀 유통을 모두 중지시키고, 암탉을 3,000 마리 이상 사육하는 모든 농장을 조사했어요. 그 결과 농장 수십 곳에서 살충제 달걀이 나왔어요. 이 농장들에서 생산된 달걀을 모두 폐기했지만, 소비자들은 오랫동안 불안에 떨었어요.

산란계 알을 낳는 닭.

독성이 강한 살충제, 피프로닐과 비펜트린

달걀에서 나온 살충제 성분은 피프로닐과 비펜트린 두 가지였어요. 피프로닐은 개와 고양이 같은 동물 털에 사는 진드기와 벼룩을 없애는 약품이에요. 한 번 뿌리면 벼룩은 60일, 진드기는 30일간 그 농장에 나타나지 못할 정도로 독성이 강해요. 사람 피부에 닿으면 하루 만에 독성이 온몸으로 퍼지고, 한 달 넘게 몸 안에 남아요. 아주 적은 양만 먹어도 몸에 경련이 일고, 많은 양을 먹으면 간과 신장, 갑상샘 등 장기가 손상돼 죽을 수 있지요. 이 때문에 미국 환경보호청(EPA)은 피프로닐을 발암 물질로 지정했어요. 우리나라도 소, 돼지, 닭같이 사람이 먹는 가축에 피프로닐 사용을 금지했어요.

또 다른 살충제인 비펜트린은 닭에 기생하는 이를 없애는 데 쓰여요. 사과, 콩 등 식물에 붙은 진드기를 없애는 데도 사용하지요. 피프로닐과 마찬가지로 독성이 아주 강해서 우리나라에서는 1kg당 0.01mg의 아주 적은 양만 사용하도록 법으로 정했고, 미국 환경보호청에서는 아예 사용을 금지했어요. 사람이 먹으면 어지러움과 구토, 복통 등의 증상을 겪고, 오랫동안 접할 경우 가슴이 아프거나 숨 쉬기 힘들고, 기침과 알레르기에 시달리게 돼요.

살충제에 오염된 달걀을 뜨거운 물에 삶거나 익혀서 먹으면 괜찮을까요? 세계보건기구(WHO)에 따르면 살충제 달걀은 삶거나 튀겨도 여전히 위험해요. 적은 양이라도 오랜 기간 섭취하면 간이나 신장 같은 장기에 쌓여 장애를 일으킬 수 있고, 구토와 복통, 현기증에 시달릴 가능성도 있어요.

닭이 왜 손바닥만 한 케이지에 갇혀 살까?

달걀에서 살충제 성분이 나온 이유는 닭이 사는 환경 때문이에요. 닭은 A4용지보다 작은 케이지에 평생을 갇혀 살아요. 이러한 사육 방식을 '공장식 축산'이라 불러요. 좁은 공간에서 옴짝달싹 못하는 닭은 스트레스를 많이 받아요. 자기 깃털을 뽑거나 다른 닭을 공격하는 이상 행동을 보이고, 면역력이 약해져 쉽게 병에 걸리지요. 농장에서는 닭에게 살충제를 뿌려 진드기를 없애고, 항생제를 먹이거나 소독약을 뿌려 전염병 확산을 막았어요.

공장식 축산은 1970년대부터 수출을 확대하려는 정부 정책으로 널리 퍼졌어요. 공장식 축산으로 인해 농장의 규모가 커지고, 사료에서부터 사육, 가공, 유통, 수출까지 한꺼번에 관리할 수 있는 시스템이 갖춰졌지요. 그 결과 닭들은 마치 공장의 기계처럼 쉴 새 없이 알을 낳도록 강요받았어요.

좁은 공간에 갇힌 양계장의 닭들.

많은 달걀을 생산하는 양계장에는 무시무시한 비밀이 있어요. 농장에는 알을 낳는 암탉만 필요하고 수탉은 쓸모가 없어요. 수평아리는 알을 낳지 못한다는 이유로 알에서 깨어나자마자 산 채로 분쇄기에서

도살되지요. 전 세계적으로 매년 수평아리 약 70억 마리가 희생돼요.

살아남은 암평아리도 행복하지 못해요. 병아리가 태어난 지 일주일 정도 되면 농장에서 강제로 부리를 잘라요. 좁은 공간에서 스트레스를 받은 닭이 서로를 쪼아 상처를 입히거든요. 상처 입은 닭은 쉽게 병에 걸리므로, 미리 부리를 잘라 큰 상처가 생기지 않게 하는 거예요. 닭을 살아 있는 생명체가 아니라 고기와 달걀을 생산하는 공장 부품처럼 취급하는 거지요.

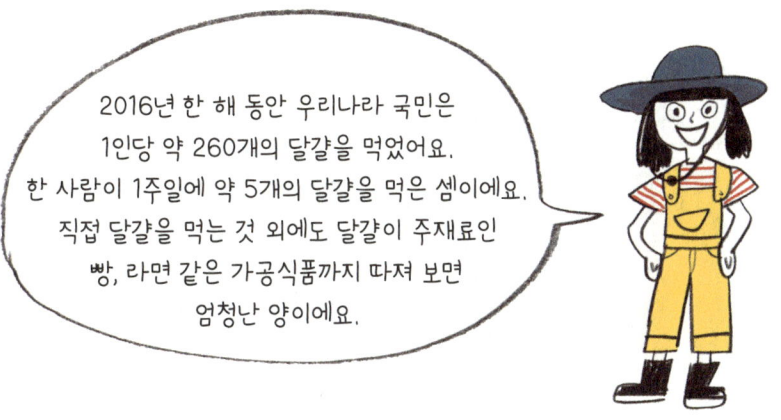

2016년 한 해 동안 우리나라 국민은 1인당 약 260개의 달걀을 먹었어요. 한 사람이 1주일에 약 5개의 달걀을 먹은 셈이에요. 직접 달걀을 먹는 것 외에도 달걀이 주재료인 빵, 라면 같은 가공식품까지 따져 보면 엄청난 양이에요.

닭이 닭답게 살 권리, 동물 복지형 농장

공장식 축산 문제를 해결할 방법은 없을까요? 정부는 이를 예방하는 여러 정책을 내놓았어요. 그중 하나가 동물 복지형 농장의 수를 늘리는 거예요. 동물 복지형 농장은 동물이 본래 습성을 유지하며 정상적으로 살도록 관리하는 농장을 말해요.

동물 복지형 양계 농장은 닭 한 마리가 편안하게 일어서고, 돌아서고, 날개를 뻗을 수 있는 최소한의 면적을 지켜 사육장을 지어야 해요. 정부는 2017년부터 새로 짓는 농장은 닭 한 마리당 0.075㎡ 이상의 공간을 확보하도록 규정했어요. A4용지 한 장보다 조금 더 큰 크기예요. 2025년부터는 이런 기준을 모든 양계 농장에 적용하기로 했어요. 더불어 사료와 사육 방식도 철저히 감독하고, 안전한 축산물을 생산하도록 제도적으로 지원하겠다고 약속했어요.

 달걀에 붙어 있는 번호는 무엇인가요?

　살충제 달걀 파동 당시, 식품의약품안전처에서는 국민들에게 달걀 껍질에 표기된 난각 번호를 통해 살충제 달걀인지 안전한 달걀인지를 파악할 수 있다고 알려 주었어요. 그 덕분에 더 큰 피해를 막을 수 있었지요. 난각 번호는 달걀의 생산 정보를 표기한 번호를 말해요. 2019년, 우리나라 정부는 난각 표시제를 더욱 강화해 각 농가에 산란 일자와 사육 환경까지 정확히 표기하도록 지시했어요.

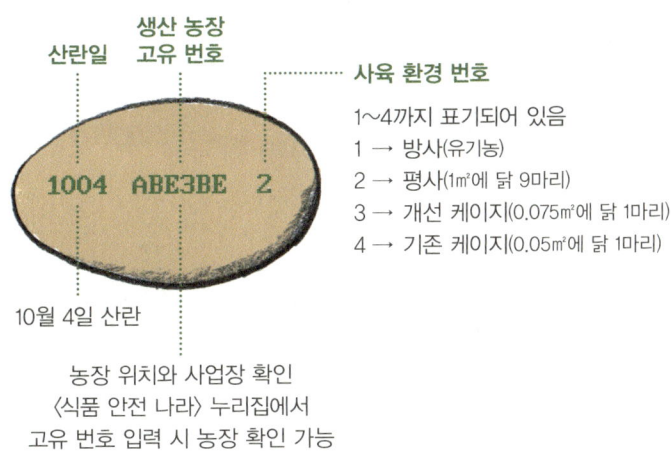

하지만 학계에서는 이것만으로는 부족하다고 주장해요. 일부 학자들은 단순히 닭 한 마리당 공간을 넓힌다고 문제가 해결되지 않는다며, 사육장 자체를 더 넓히거나 아예 방목형으로 길러야 한다는 의견을 제시하고 있어요.

소비자인 우리의 관심과 노력도 필요해요. 내가 먹는 고기와 달걀이 어떤 환경에서 생산됐는지 관심을 가지고, 동물 복지와 안전을 최우선으로 고려한 제품을 구매한다면 동물 복지형 농장이 자연스럽게 늘어날 거예요.

'인간이 살기도 힘든데 동물 복지까지 신경 써야 하느냐?'고 되묻는 사람이 있을지도 몰라요. 하지만 동물이 겪은 스트레스와 질병이 고스란히 인간에게 전해진다는 점을 생각하면 우리 자신을 위해서라도 동물 복지를 무시할 수 없어요.

동물 복지는 인간성의 회복이다

2018년 농림축산식품부는 동물 보호 정책 팀을 신설했어요. 이 팀에서는 동물 복지 축산의 확대와 동물 복지 축산 농장 지원을 담당하고 있어요. 정부뿐만 아니라 지방 자치 단체도 동물 복지를 위해 노력하기 시작했어요. 제주시에서는 모든 양계장을 동물 복지형 농장으로 바꿔 가고 있답니다.

전라남도에서는 '녹색 축산 농장' 지정을 통해 동물 복지를 실현하고 있어요. 가축 사육 밀도와 가축 운동장, 축사 청결 상태 등 여러 항목에서 합격을 받은 농가는 운영 자금과 여러 사업 지원을 받을 수 있어, 동물 복지형 농장이 점점 늘고 있지요.

동물 복지형 농장이 오직 가축의 건강을 위한 일은 아니에요. 동물 복지는 눈에 보이지 않지만 생명의 소중함을 존중하는 인간성 회복을 위해 더 필요해요. 엄연히 감정과 고통을 느끼는 동물을 외면하며 기계 부품처럼 다루면, 점차 생명 훼손에 무감각해져요. 닭이나 소, 돼지 같은 가축뿐 아니라 함께 살던 반려동물을 귀찮다는 이유로 버리는 일도 비슷한 맥락이지요. 이는 동물을 그저 인간의 필요에 따라 쓰는 물건이라 여기기 때문이에요. 나아가 공장식 축산이 사람도 인격체가 아닌 쓸모로 구분하는 인간성의 황폐화를 부추긴다는 주장에도 귀를 기울여야 해요.

멜라민 분유:

분유를 플라스틱으로 만들었다고?

갓난아기는 태어나서 1년 동안 소화 기관이 아주 연약해요. 물을 많이 마시는 것도 위험하고, 흰 우유도 잘 소화시키지 못해요. 오직 엄마의 젖이나 분유만 먹을 수 있지요. 그런데 그 아이들에게 플라스틱 분유를 먹인 끔찍한 사건이 발생했어요.

분유로 둔갑한 플라스틱 그릇

가볍고 단단한 멜라민은 그릇이나 장난감을 만드는 화학 원료예요. 식당에서 쉽게 만나는 그릇의 소재가 멜라민이죠. 멜라민은 접착제나 화이트보드, 화학 비료 등을 만들 때도 쓰여요. 그런데 2008년 중국에서 아기들이 먹는 분유에서 멜라민이 검출돼 전 세계가 발칵 뒤집힌 일이 있었어요.

조사 결과 몇몇 분유 제조업자들이 우유와 비슷한 색을 가진 멜라민을 분유에 섞은 사실이 드러났어요. 경찰은 불량 분유 판매자들을 잡아들였어요. 그러나 이미 멜라민 분유를 먹어 왔던 아기들은 30만 명이나 신장병에 걸렸고, 그중 6명은 목숨을 잃었어요.

왜 분유에 멜라민을 넣었을까?

멜라민은 물에 녹지 않기 때문에 한 번 몸속으로 들어가면 혈관을 따라 돌아다니다가 신장에 쌓여요. 멜라민은 몸 밖으로 빠져나가지 못하고, 신장에 계속 쌓이다가 덩어리가 되어 결석을 만들어요. 결석이 커지면 신장에 병이 생겨 평생 투석을 받거나 최악의 경우 사망하기도 해요.

분유에 멜라민 가루를 넣은 이유는 분유의 단백질 함량을 높이기 위해서예요. 단백질은 근육과 혈액을 만드는 영양소로, 어린 아기들이 튼튼하게 자라는 데 꼭 필요해요. 그런데 중국의 일부 분유 제조업자들이 적은 돈으로 분유를 만들기 위해 기존의 분유 가루에 멜라민 가루를 섞어 가짜 분유를 만들었어요. 분유에 멜라민을 섞고 성분 검사를 하면 단백질 함량이 매우 높은 수치로 나오기 때문이에요. 그들이 속임수로 돈을 벌기 위해 가짜 분유를 만든 결과 아기들은 생명과 건강을 잃고 말았어요.

다른 나라에까지 피해를 입힌 가짜 분유

멜라민이 들어간 분유는 중국만의 문제가 아니었어요. 중국의 멜라민 분유를 15만 톤이나 수입한 대만을 비롯하여 미얀마, 예멘, 방글라데시 등 여러 나라의 아기들이 고통받았어요. 그게 다가 아니에요. 멜라민이 분유뿐 아니라 과자, 커피, 아이스크림 등 우유의 재료로 사용된 사실이 밝혀졌어요. 홍콩, 일본의 인스턴트 커피와 과자에서도 멜라민이 발견된 것이지요. 이 사건은 우리나라와 미국까지 영향을 끼쳤어요. 특히 아기를 가진 부모들이 불안에 떨었지요.

중국 사람들은 더 이상 중국산 분유를 믿지 못해 멜라민으로부터 안전한 외국산 분유를 사기 시작했어요. 중국 사람들이 외국산 분유를 쉽게 살 수 있는 홍콩으로 몰려가 분유를 전부 사는 바람에 홍콩의 분유가 동나, 막상 홍콩에 사는 주민들이 분유를 사지 못했어요. 분유가 모자라서 분윳값이 치솟자 홍콩 부모들이 정부에 항의했어요. 결국 홍콩 정부는 홍콩에서 다른 지역으로 분유를 가져갈 때 한 사람당 2통만 가져가야 한다는 조항을 만들었어요.

우리나라에도 가짜 음식이?

가짜 음식은 비단 중국만의 문제가 아니에요. 우리나라에서도 먹으면 안 되는 물질을 음식에 넣은 사건이 있었어요. 2014년, 벌집 아이스크림이 큰 인기를 끌었어요. 손님이 주문하면 그 자리에서 벌집을 잘라 아이스크림에 얹어 주어 유행이 되었지요.

하지만 머잖아 충격적인 사실이 밝혀졌어요. 벌집 아이스크림의 인기가 높아져 벌집이 부족해지자, 몇몇 판매자들이 공업용 파라핀으로 가짜 벌집을 만들어 판 거예요. 공업용 파라핀은 양초의 재료로 사람이 먹어서는 안 돼요. 진실이 밝혀지자 벌집 아이스크림의 인기는 뚝 떨어졌어요. 그 바람에 진짜 벌집을 사용하는 정직한 가게까지 많은 피해를 입었어요. 2012년에는 국내의 한 라면 제품에서 벤조피렌이라는 발암 물질이 나와 충격을 주었어요. 식품 원료로 사용할 수 없는 이엽우피소를 건강에 좋다는 백수오로 속여 판매한 사람들도 있었어요. 이엽우피소는 백수오와 모양은 비슷하지만 신경 쇠약 등 부작용을 유발해 식용이 금지된 식물이에요.

가짜 음식과의 전쟁을 선포하다

가짜 음식이 가장 많이 적발된 중국은 가짜 음식과의 전쟁을 선포했어요. 중국의 국가 행정 기관인 국무원은 멜라민, 공업용 색소 등 47종의 제품을 식품 첨가 금지물로 정하고, 이 제품들을 식품에 넣을 경우 최고 사형에 처하도록 엄격한 법을 만들었어요. 실제로 중국은 멜라민 분유를 만든 2명의 사형을 집행했어요. 나머지 20여 명에게도 무기 징역과 벌금형을 선고했지요.

2013년, 우리나라 정부도 가짜 식품을 없애기 위해 식품의약품안전처를 중심으로 5년간의 계획을 세웠어요. 그러나 식품의약품안전처의 단속과 처벌에도 불구하고 가짜 식품 문제는 쉽게 사라지지 않아요. 가짜 식품은 종류가 다양하고 수법도 교묘하여 보통 사람이 쉽게 알아차리기 어렵기 때문이에요. 가짜 식품은 많은 사람들의 건강과 목숨을 위협하는 무거운 범죄예요.

안전한 음식만 먹을 수 있을까?

공업용 음식이나 화학 약품이 들어간 음식을 먹으면 치명적인 병에 걸리거나 죽기도 해요. 그런데 가짜 식품 문제는 왜 끊이지 않는 걸까요?

사람이 못 먹는 재료는 가격이 저렴해요. 일부 업자는 싸구려

재료를 사용해 음식을 만들죠. 불량 식품과 가짜 식품 제조업자들은 더 많은 이익을 남기려고 먹는 사람들의 건강은 생각하지 않는 거예요.

가짜 식품과 불량 식품 문제를 음식을 만드는 사람의 양심에 맡겨 해결하기는 어려워요. 우리나라는 불량 식품을 만들거나 판매한 사람에 대한 처벌이 가벼운 편이에요. 중국처럼 가짜 음식을 만드는 사람을 사형에 처하자는 것은 아니지만, 음식 범죄를 가볍게 여기는 사회적 분위기를 바꾸려면 지금보다 높은 벌금이나 강력한 처벌이 필요해요.

 **동물까지 위협하는 멜라민**

2007년, 미국과 캐나다에서 약 5천 마리의 개와 고양이가 신장병으로 고통받고, 수십 마리가 죽었어요. 미국 보건당국은 원인을 알아내기 위해 죽은 동물을 해부했어요. 그런데 해부한 개와 고양이 신장에서 멜라민이 뭉친 결석이 나왔어요. 멜라민 분유를 먹은 아기들과 똑같은 증상이었지요.
이에 대해 중국의 한 관계자는 멜라민이 '단백질 가루'라는 이름으로 널리 사용되고 있다고 폭로했어요. 처음에는 물고기 사료에만 사용하다가 점점 소, 돼지, 닭, 오리 등의 가축과 반려동물 사료까지 멜라민을 넣은 사실이 밝혀졌지요. 멜라민은 사람뿐 아니라 수많은 동물까지 위험에 빠트렸어요.

쓰레기 만두와 대왕 카스텔라는 잘못이 없다?

2004년, '쓰레기 만두'에 대한 뉴스가 보도되었어요. 뉴스에 따르면 우리나라 만두 제조업체 중 몇 곳이 음식물 쓰레기를 포함한 불량한 재료로 만두를 만들어 왔어요. 조사 결과 실제로 몇몇 업체의 만두소 일부가 음식물 쓰레기로 분류된 단무지 자투리로 만들어졌다는 게 밝혀졌지요. 이로 인해 만두 판매량이 떨어지고, 만두를 파는 자영업자들이 큰 피해를 입었어요. 그러나 이후 '쓰레기 만두'로 불리던 만두에 사용된 속 재료가 음식물 쓰레기가 아니며, 인체에 무해하다는 사실이 밝혀졌어요. 그동안 '쓰레기 만두'를 제조했다고 알려진 만두 제조업체들은 모두 무혐의 판결을 받았지요. 하지만 언론의 보도로 인해 만두 제조업체가 입은 피해는 극심했어요.

이 사건이 있고 약 13년 뒤, 비슷한 사건이 한 번 더 일어났어요. 한 TV 프로그램에서 그때 당시 유행하던 '대왕 카스텔라'의 비리를 폭로한 것이지요. 이 방송에서는 카스텔라를 만들 때 식용유 등 저렴하고 몸에 좋지 않은 재료를 사용한다는 것을 문제 삼았어요. 하지만 식용유를 버터의 대체재로 사용해도 문제가 없다는 사실이 밝혀졌어요. 언론의 허위 보도로 인해 카스텔라를 판매하던 대부분의 사람들은 큰 피해를 입게 되었어요.

미래의 먹거리:

> 안전하고 즐거운 식사를 위해!

'사람은 밥만 먹고 살 수 없다.', '언제 밥 한번 먹자.', '식사하셨어요?', '금강산도 식후경.', '보기 좋은 떡이 먹기도 좋다.' 등 우리말에는 밥이나 음식에 관련된 표현이 아주 많아요. 그만큼 음식이 우리에게 아주 중요하다는 의미예요.

미래에 기술이 더욱 발달해 사람들이 화성 같은 행성에 정착해 살게 되더라도, 우리는 여전히 음식을 먹고 살아야 해요. 인류가 살아 있는 한 안전한 먹거리를 위한 노력이 반드시 필요한 이유이지요.

우리 토종 농산물을 지켜야 해요

산업 기술이 오늘날만큼 발달하기 전에 우리는 우리 땅에서 나는 농산물만 먹고 살았어요. 으름 같은 신선한 토종 과일과 산나물, 직접 농사지은 쌀 등 제철 음식을 먹었지요. 하지만 지금은 계절과 상관없이 세계 여러 나라에서 수많은 농산물을 수입하고, 언제든지 편리하게 구입해요. 하지만 앞서 살펴보았듯 수입 농산물로 인해 여러 문제가 생겼어요.

우리나라 농산물은 수입 농산물에 비해 안전해요. 우리나라는 경제협력개발기구(OECD)의 안전 기준을 따르고, 농약 허용 물질 목록 관리 제도를 시행하기 때문에 칠레나 다른 개발 도상국보다 농약 사용 기준이 엄격해요. 또한 우리나라에서 수확한 농산물은 수입 농산물보다 가까운 거리를 이동해요. 그래서 보존제를 많이 사용하지 않아도 신선하지요. 수입 농산물 대신 우리나라의 제철 농산물을 먹는다면, 안전한 먹거리를 위협하는 농약과 보존제 걱정에서 벗어날 수 있어요.

수입 농산물 대신 토종 농산물을 먹어야 하는 더 중요한 이유가 있어요. 현재 우리나라 식량 자급률은 매우 낮아요. 식량 자급률이란 한 나라에서 소비되는 모든 식량 중에서 국내에서만 생산되는 식량이 얼마큼인지를 나타내는 비율이에요. 농림축산식품부에 따르면 2017년 기준 우리나라의 식량 자급률은 48.9%이고, 사료용 곡물을 포함한 곡물 자급률은 23.4%라고 해요. 사료용을 제외한 쌀 자급률은 103.4% 정도로 문제가 없지만, 밀과 옥수수의 자급률은 각각 1.7%, 3.3%, 콩류는 약 22% 수준에 그쳤다고 해요. 쌀을

알고보니 세계의 식탁

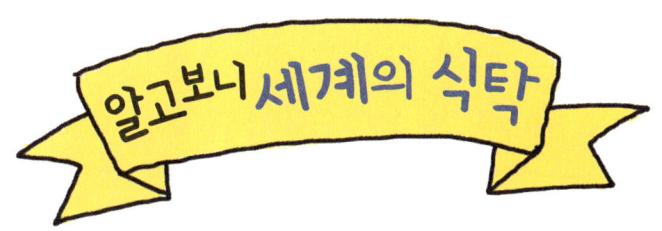

- 고등어: 노르웨이
- 두부: 중국
- 소고기: 호주
- 캐슈넛: 인도
- 멸치: 칠레

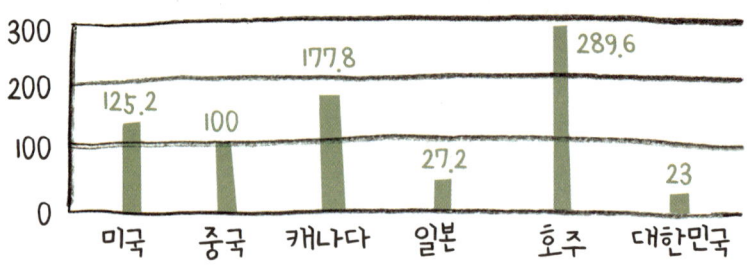

포함하지 않은 곡물의 자급률은 무척 낮은 수준이죠. 다시 말하면 식량과 사료의 절반가량을 수입에 의존하고 있다는 의미예요.

저렴한 농산물을 다른 나라에서 수입하는 것이 무슨 문제냐고요? 수입 농산물에만 의지하는 일은 매우 위험해요. 만약 우리나라에 밀을 수출하는 나라가 갑자기 밀의 가격을 두 배로 올리면 어떻게 될까요? 우리는 어쩔 수 없이 그들의 요구를 받아들여야 해요. 부당한 가격이라고 해도 빵, 라면, 국수, 과자 같은 음식에 밀가루가 필요하니까요. 밀가루의 가격이 두 배로 오르면 밀가루를 사용한 음식의 가격도 덩달아 올라요. 우리나라 식품의 물가를 다른 나라들이 조종하는 상황이 발생하는 것이지요.

환경을 살리는 로컬 푸드

음식을 먹을 때 원산지를 확인해 본 적이 있나요? 어제 점심에 먹은 소고기는 8,000km 떨어진 호주에서, 저녁에 먹은 멸치는 18,000km 떨어진 칠레에서 왔을지도 몰라요.

먼 곳이 원산지인 식품은 배나 비행기를 타고 와요. 이동하며 화석 연료를 많이 사용하니 온실가스가 발생해요. 식품이 운반되는 실제 거리를 운반되는 식품의 물량에 곱한 수치로 나타낸 값을 푸드 마일리지라고 해요. 푸드 마일리지가 높다는 것은 식품 운반 과정에서 그만큼 많은 화석 연료를 사용하여 환경 오염 물질을 배출했다는 뜻이에요.

내가 사는 지역에서 자라는 '로컬 푸드'를 이용하면 환경 오염 걱정을 크게 할 필요가 없어요. 또한 로컬 푸드는 식품을 수송하는 거리가 짧아 더 신선하고, 지역 농민의 가계에도 큰 보탬이 된답니다. 내가 사는 지역에서 가까운 곳에서 생산된 식재료를 사용하면 보관하고 운송하는 데 드는 에너지가 줄어들고, 신선한 식품을 먹을 수도 있지요.

유기농, 못생겼지만 괜찮아!

유기농 농산물은 다른 과일이나 채소와 달리 작고 못생겼고 벌레 먹은 자국도 있어요. 게다가 가격도 비싸지요. 이런 단점에도 불구하고 유기농의 장점이 훨씬 커요. 유기농이란 화학 비료나 농약을 최소 3년 이상 사용하지 않은 땅에서 퇴비나 유기질 비료만을 이용해 농사를 짓는 방법이에요. 농림축산식품부에서는 유기농 농산물의 기준을 다음과 같이 정했어요. 첫째로 3년 이상 화학 비료와 화학 농약을 사용하지 않아야 해요. 둘째, 토양과 물, 종자도 법이 정한 규정을 준수해야 해요. 셋째, 영농 관련 자료를 2년 이상 보관해야 해요.

　요즘은 유기농과 친환경 농업의 소중함을 깨닫는 사람이 늘고 있어요. 친환경 농업은 환경을 오염시키지 않고 자연환경과 어울려 짓는 농사법이에요. 화학 비료와 농약 사용을 최소화하여 농산물을 생산하고 환경을 보존하며 소비자에게 건전한 식품을 공급하는 방식이지요.

　화학 약품을 사용할 때보다 농사짓기가 느리고 힘들지만, 친환경 농업은 곤충과 지렁이가 논밭으로 돌아오게 만들어요. 농약 대신 논에 메뚜기나 우렁이, 오리를 키우면 해충이 사라져요. 해충의 천적을 기르면 농약이 필요 없지요. 고추 농사를 망치는 담배나방에는 담배장님노린재로 딸기, 수박, 오이, 가지에 해를 주는 점박이응애는 칠레이리응애라는 천적으로 막을 수 있어요.

　더 많은 소비자가 유기농 농산물에 관심을 기울이면, 유기농 농사를 짓는 농부가 더 늘어날 거예요. 그러면 우리는 더 건강한 음식을 먹을 수 있겠죠?

인구 증가는 곧 식량 문제

지구의 인구는 꾸준히 증가하고 있어요. 2050년에는 90억 명을 돌파할 거라고 해요. 인구는 선진국보다 개발 도상국에서 폭발적으로 늘고 있어요.

인구가 증가하는 만큼 식량 공급을 늘리면 되지 않느냐고요? 세계자원연구소는 인구보다 식량 수요량이 훨씬 더 빠르게 늘어날 거라고 예측했어요. 2050년에는 전 세계 인구의 필요 식량이 2006년에 비해 약 70% 늘어날 거라고 했지요. 그뿐만 아니라 인구가 증가하면서 화석 연료 사용량도 늘어나요. 환경 오염이 심각해지면 식량 부족 문제는 우리가 예상하는 것보다 더 심각해질지 몰라요. 특히 식량 부족에 시달리는 나라에서 인구가 많아지면 굶주림을 해결하기 더욱 어려워요. 이미 굶주리는 10억 명의 인구와 앞으로 생길 또 다른 사람들을 돕기 위한 먹을거리 연구도 필요해요.

도시는 음식의 사막

세계의 많은 사람들은 도시에 모여 살아요. 도시에 살면 편의점이나 마트에서 음식을 손쉽게 사고, 고기와 채소도 쉽게 구입할 수 있죠. 인터넷과 스마트폰으로 장을 볼 수도 있고요. 마트에는 통조림과 즉석식품 등 가공식품이 산더미처럼 쌓여 있어요. 이러한 도시의 음식은 모두 먼 곳에서 왔어요. 도시에는 넓은 논과 밭이 없으니까요. 농산물은 차를 타고 먼 거리를 이동해 도시로 와요. 심지어 비행기와 배를 타고 지구 반대편에 있는 나라에서도 와요. 만약 모든 운송 수단이 끊기면 도시 사람들은 식량 없는 사막에서 사는 셈이에요. 그래서 도시는 음식의 사막이라고도 불려요.

도시 농장, 과학 기술로 만들 수 있어!

언제까지나 도시를 음식의 사막으로 내버려 두면 안 되겠죠? 이미 몇몇 도시에서는 싱싱한 먹거리를 키우는 노력이 시작되었어요.

논과 밭, 비옥한 흙과 햇빛이 부족한 도시에서 어떻게 농사를 짓냐고요? 실내에서 LED 조명으로 햇빛 없이 채소를 키우면 돼요. 식물에 필요한 영양소를 물속에 넣어 수경 재배를 하면 땅 없이도

도심 속 공간을 활용해 만든 농장.

식물이 잘 자라요.

실내 공간이 너무 적다고 걱정하지 마세요. 계단식으로 수직 농장을 만들면 돼요. 층마다 농작물을 심으면 좁은 공간에서도 많은 채소를 키울 수 있어요.

우리나라처럼 아파트와 고층 빌딩이 많은 나라는 옥상을 농장으로 사용해도 좋아요. 아파트 옥상에 텃밭을 만들면 주민들이 엘리베이터를 타고 올라가 저녁거리로 사용할 싱싱한 채소를 재배할 수 있어요.

옥상을 농장으로 쓰면 따로 농사지을 공간을 마련할 필요도 없어요. 게다가 식물이 이산화 탄소를 마시고 산소를 내뿜어 공기를 정화해요. 또한 자동차, 사람, 건물 때문에 열이 많이 발생하는 도시에서 옥상 농장은 도시를 시원하게 지켜 주는 숲 역할을 해요.

육식은 지구를 병들게 한다

맛있는 삼겹살, 불고기, 갈비. 거리에는 고깃집이 즐비하고, 마트에는 온갖 종류의 육류가 가득해요. 고기를 맛있게 요리하고 먹는 방법을 알려 주는 방송 프로그램도 많죠. 그러나 놀랍게도 우리가 먹는 고기는 환경오염의 원인 중 하나예요. 동시에 고기는 식량 부족 문제도 일으켜요.

많은 사람들이 즐겨 먹는 고기는 어떻게 지구를 심각하게 오염시킬까요? 동물은 생각보다 훨씬 많은 사료를 먹어요. 우리가 1kg의 소고기를 얻으려면 소에게 먹일 곡물 사료가 16kg이나 필요해

요. 사료를 생산하기 위해 밭을 개간하면서 숲을 태우게 되고, 이로 인해 환경이 파괴돼요. 대표적인 열대 우림인 아마존의 70%가 동물 사료 재배를 위해 쓰이고 있답니다.

만약 콩과 옥수수 16kg을 소에게 주는 대신 굶주리는 아이들에게 주면 어떨까요? 소고기 1kg에 비해 훨씬 많은 사람이 배부르고 행복하게 식사할 수 있어요. 영양 부족에 시달리는 아이들도 건강한 어른으로 자랄 수 있죠.

미래 먹거리는 무엇이 있을까?

많은 고기를 얻으려고 좁은 공간에서 공장처럼 가축을 키운 결과, 조류 독감이나 구제역과 같은 무서운 병들이 등장했어요. 이 때문에 가축이 희생되었고, 인간도 가축이 옮긴 병으로 목숨을 잃었어요.

소와 돼지는 물론 닭, 달걀 등 동물성 식품에 대한 걱정은 나날이 늘어나고 있어요. 가축을 키우면서 여러 부작용이 생겼지만, 무조건 고기를 먹지 않고 살 수는 없어요. 지금보다 안전하게 고기를 먹을 방법은 없을까요? 아니면 고기 대신 먹을 수 있는 음식은 없을까요? 다행히 미래의 먹거리를 위한 노력은 이미 시작되었어요.

환경 오염을 줄이는 미래 식량 - 곤충

곤충을 먹는다고 생각만 해도 징그럽고 거부감이 생기는 사람도 있을 거예요. 하지만 지금도 약 20억 명의 인구가 2,000종의 곤충을 먹고 있어요. 나아가 소, 돼지, 닭을 대신할 미래 식량으로 주목받고 있죠.

곤충은 육류, 생선 등과 비교해서도 각종 영양소가 풍부한 친환경적인 식량이에요. 곤충은 70~80일 정도면 다 자라고, 기르는 데 2,800ℓ의 물이 필요해요. 반면 소고기 1kg을 얻기 위해서는 무려 1년 반이 넘는 시간이 걸리며, 곤충의 5배가 넘는 15,000ℓ의 물이 필요하죠. 젖소는 하루에 분뇨와 메탄가스 성분인 방귀 등 54kg의 배설물을 만들지만, 곤충은 배설물도 아주 적어요. 소를 키우려면 넓은 농장이 필요하지만, 곤충은 소 농장보다 훨씬 작은 공간만 있어도 잘 자라요. 우리가 소 대신 곤충을 먹는다면 산림 파괴를 줄일 수도 있어요.

게다가 곤충은 다른 가축에 비해 동물 관련 질병을 일으킬 위험이 낮아요. 조류 독감, 구제역, 아프리카 돼지 열병, 용혈성 요독 증후군 등 전염병의 영향을 받지 않는 것은 큰 장점이죠.

곤충을 식용하는 데 가장 큰 걸림돌은 혐오스러운 생김새예요. 식용 곤충을 연구하는 사람들은 곤충의 혐오감을 줄이기 위해 노력하고 있어요. 곤충을 있는 그대로 사용하지 않고, 고운 가루로 만든 다음 파스타, 쿠키, 국수 등으로 바꾼답니다.

우리나라에도 귀뚜라미 가루가 들어간 파스타, 메뚜기가 들어간 크로켓을 파는 식당이 있어요. 미래에는 모든 식당에서 곤충으로 만든 메뉴를 주문하는 날이 올지도 몰라요.

실험실에서 만든 고기 - 푸드 테크

① 실험실에서 탄생한 햄버거

채식주의자들을 위한 콩으로 만든 콩고기는 오래전부터 있었어요. 하지만 식감과 맛이 좋지 않아 큰 인기를 끌지 못했죠. 하지만 얼마 전 한 과학자가 식물성 재료만을 추출해 진짜 고기와 아주 비슷한 대체육을 만들었어요. 콩과 식물의 뿌리에서 추출한 식물성 분자인 '헴(heme)'이 소고기 특유의 맛을 낸답니다. 그 밖에 밀과 감자, 코코넛 오일도 들었어요. 식물성 대체육은 채식을 지향하는 사람들에게 좋은 반응을 얻었어요. 빌 게이츠와 구글 등 IT 관계자들도 미래를 위해 식물성 대체육 시장에 투자하고 있어요.

실험실에서 만들어진 인공 소고기도 있어요. 2013년 네덜란드에서는 젖소의 목덜미 근육 조직을 사용해 고기를 만들었어요. 동물 줄기세포로 근육 세포와 지방 세포를 만든 다음, 서로 뭉쳐 부드러운 식감의 고깃덩어리를 탄생시켰죠. 이 기술이 발전하면 진짜 소 없이도 소고기를 먹게 될 날이 올 거예요. 인공 소고기는 숲을 파괴하지 않으며 메탄가스도 없으므로 지구 온난화 걱정 없는 소고기라 부를 수 있어요. 진짜 소고기는 1년 반의 시간이 필요하지만 실험실에서는 6주만 있으면 고기가 탄생하므로 부족한 식량 문제 해결에도 큰 도움이 될 거예요.

식물성 고기로 만든 햄버거.

② 미생물이 만든 우유

두유나 아몬드유처럼 우유를 대체할 음료는 많이 나왔지만 진짜 우유와는 많이 달라요. 그런데 소고기뿐 아니라 우유도 젖소 없이 만들어 먹을 수 있는 시대가 다가왔어요.

생체 공학 기업인 무프리는 실험실에서 효모로 우유 단백질을 개발했어요. 효모란 맥주나 빵을 만드는 데 사용되는 미생물이에요. 효모균 세포에 소의 DNA를 조합한 후, 세포 수를 늘려 우유 단백질을 생산하죠. 여기에 칼슘, 칼륨 같은 성분을 혼합하면 성분뿐 아니라 맛과 향도 진짜 우유와 비슷해져요. 우유에 들어 있는 영양분도 거의 똑같답니다.

인공 우유는 동물성 우유와 달리 콜레스테롤이 없어 성인병 걱정이 없어요. 또한 유당이 없어 우유를 먹으면 배탈이 나는 사람도 얼마든지 먹을 수 있죠. 건강에 관심 많은 사람들과 채식주의자들은 인공 우유에 많은 관심을 나타내고 있어요.

③ 맛있는 인공 닭고기

소고기에 비해서는 약간 느리지만 2017년에 인공 닭고기도 세상에 등장했어요. 미국의 바이오 기업인 멤피스 미트가 샌프란시스코에서 인공 닭고기 요리를 공개했죠. 고기를 맛본 이들은 보통 닭고기와 다른 점이 별로 없다며 놀랐어요.

닭고기는 우리나라뿐만 아니라 미국에서도 많이 섭취하는 육류예요. 따라서 인공 닭고기가 개발된다면 쉽게 대중화될 거예요. 또 조류 독감에 대한 걱정도 줄고, 항생제나 성장 촉진제 문제도 사라

실험실에서 만든 닭고기

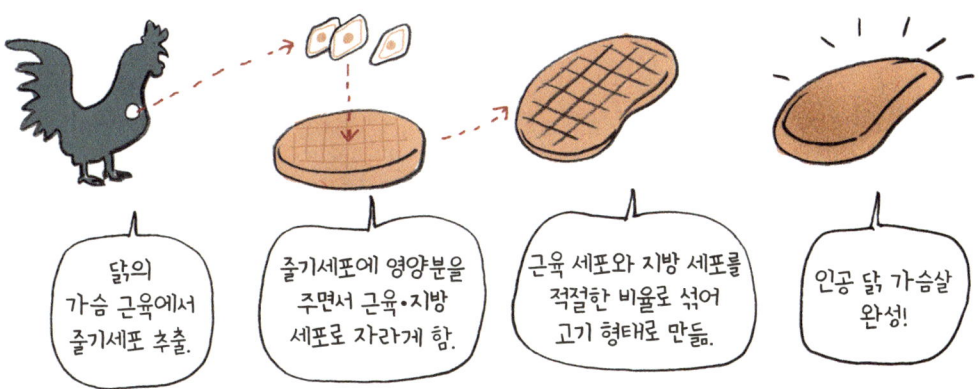

질 거예요.

아직 개발 초기 단계인 인공 닭고기 가격은 매우 비싸요. 닭 가슴살 세 덩이를 얻으려면 무려 1,000만 원의 개발비가 필요하지요. 그러나 멤피스 미트는 머지않아 낮은 가격으로 판매가 가능하다고 말했어요. 가까운 미래에 깨끗한 인공 닭고기가 식탁에 오를 날이 올지도 몰라요.

④ 식물이 낳은 달걀

껍질 없는 달걀을 상상해 본 적 있나요? 연약한 껍질 속에 흰자와 노른자가 들어 있는 달걀의 모습이 변했어요. 2013년부터 미국에서는 실험실에서 태어난 '저스트 에그'라는 액체 달걀을 판매해요. 저스트 에그는 녹두와 강황 등으로 만들었는데도 달걀과 맛이 똑같아요. 팬에 익히면 달걀말이나 스크램블 에그처럼 변하죠.

인공 달걀은 완두콩과 수수 등 10여 가지 식물에서 추출한 단백질로 만들었어요. 식물 단백질은 콜레스테롤이 없어 고혈압이나 심장병 환자에게도 안전해요. 달걀 알레르기가 있는 사람도 먹을 수 있죠.

저스트 에그를 만든 햄튼 크릭 회사는 인공 달걀 가루에 물과 기름, 향료를 섞어 '저스트 마요'라는 마요네즈를 생산했어요. 우유와 달걀이 없는 이 제품은 달걀을 넣은 진짜 마요네즈와 구별이 힘들 정도로 비슷해요. 그뿐만 아니라 인공 달걀로 만든 디저트인 '저스트 쿠키'까지 선보였지요. 햄튼 크릭 회사 외에도 여러 기업들이 인공 달걀을 비롯한 식물성 식품을 개발하고 있어요.

인공 달걀은 동물성 원료가 전혀 들어 있지 않아 채식주의자에게 환영받아요. 좁은 닭장 안에 갇혀 자라는 닭을 걱정할 필요가

동물성 원료가 들어가지 않은 비건 음식.

없어 동물 보호 단체에서도 반기고 있어요. 인공 달걀은 조류 독감과 살충제의 염려가 없으며 가격까지 보통 달걀의 절반이에요. 점점 많은 소비자가 인공 달걀을 찾고 있고, 인공 달걀로 다양한 음식을 만드는 노력도 계속되고 있어요.

인공 음식, 과연 우리에게 좋을까요?

실험실에서 만든 대체육이나 배양육은 환경 보호와 동물 복지 등 여러 문제를 해결해 줘요. 또 동물성 식품에 알레르기가 있는 사람들에게도 많은 관심을 받고 있지요. 대체 식품을 개발하는 푸드 테크 기업들은 소비자들을 위해 소시지, 계란, 치킨 너겟, 햄버거 패티 등 다양한 종류의 식품을 출시하고 있어요. 그런데 대체 식품이 우리 몸에 무해할까요?

어떤 사람들은 자연의 법칙을 거스르고 만든 음식은 진짜 음식이 아니라고 말해요. 화학 약품과 유전 공학 기술로 조합한 음식을 먹고, 나중에 우리 몸이 어떻게 반응할지 모른다며 염려하기도 해요. 실제로 푸드 테크에는 이러한 우려가 존재했어요. 식물성 고기를 만드는 데 사용되는 콩과 식물의 '레그헤모글로빈'의 안전성을 걱정하는 시선이 있었지요.

하지만 최근 미국 식품의약국(FDA)이 레그헤모글로빈의 안전성을 승인하면서, 대체육이 인체에 무해하다는 것을 입증했어요. 또 우리 정부도 대체 식품에 대해 안전성 평가 기준을 만들어 관리하겠다는 계획을 세웠어요.

또한 푸드 테크 기업들은 대체 식품을 개발하며 안전성, 맛 등 여러 문제를 고민하고 있어요. 그래서 유전자 변형 방식을 사용하지 않고 식물성 단백질을 추출해 안전하고 맛있는 먹거리를 만들고 있지요. 특히 GMO를 이용하지 않고, 소비자에게 식품에 대한 올바른 정보를 알리는 데 심혈을 기울이고 있어요.

　우리는 더욱 환경에 해를 입히지 않고 우리 몸에도 건강한 음식을 먹기 위해 노력해야 해요. 푸드 테크 기술이 발전하고, 우리들 스스로도 깨끗하고 안전한 음식을 먹을 수 있는 방법을 생각해 본다면 좋겠지요? 당장 편리한 음식을 찾는 것보다 지구의 미래와 우리의 안전을 위해 더디더라도 조금씩 노력하면 머지않아 편한 마음으로 믿고 먹을 수 있는 먹거리를 찾을 수 있을 거예요.

논문 및 보고서
〈GMO를 둘러싼 생산·유통 논란〉, 김은진, 한국생명공학연구원·바이오안전성정보센터
〈멜라민 파동과 중국의 식품 안전 현황〉, 삼성경제연구소

도서
《실험실에서 만든 햄버거는 무슨 맛일까?》, 킴벌리 베네스, 초록개구리
《씨앗을 부탁해》, 김은식, 나무야
《식량 불평등》, 박병상, 풀빛
《개, 고양이 사료의 진실》, 앤 N. 마틴, 책공장더불어
《GMO: 유전자 조작 식품은 안전할까?》, 김훈기, 풀빛
《종자, 세계를 지배하다: 종자는 누가 소유하는가》, KBS 스페셜 종자, 세계를 지배하다 제작팀, 시대의창

방송
〈밥 한 공기〉, MBC
〈노르웨이 연어의 두 얼굴〉, JTBC